SYLVIA WETZEL

Vertrauen

Finden, was mich wirklich trägt

SCORPIO

Sylvia Wetzel ist Publizistin und eine der bekanntesten
deutschsprachigen Meditationslehrerinnen. In ihren Büchern,
Vorträgen und Kursen integriert sie Erkenntnisse der westlichen
Psychologie und Philosophie mit den Einsichten buddhistischer
Weisheit.

www.sylvia-wetzel.de

2. Auflage 2016

© 2015 Scorpio Verlag GmbH & Co. KG, München
Umschlaggestaltung: Hauptmann & Kompanie
Werbeagentur, Zürich
Quellenangaben: Seite 109
Layout und Satz: Veronika Preisler, München
Druck und Bindung: Print Consult, München
ISBN 978-3-95803-029-9
Alle Rechte vorbehalten.
www.scorpio-verlag.de

Inhalt

Vorwort

Vertrauen ist gut, Kontrolle ist besser.

Motto der Moderne

Vertrauen reduziert Komplexität.

nach Niklas Luhmann

Was ist besser? Vertrauen oder Kontrolle? Ich halte Kontrolle in vielen Bereichen des Lebens für sinnvoll und nützlich, aber mit Vertrauen kommen wir weiter, denn Vertrauen reduziert Komplexität, wie der Soziologe Niklas Luhmann so prägnant formulierte. Noch immer halten aber viele am Motto der Moderne fest, dass Vertrauen gut, Kontrolle jedoch besser sei, und wir spüren das am Dokumentations- und Berichtswahn in vielen Bereichen. Aber die Welt wird immer unübersichtlicher, und viele Menschen begreifen, dass völlige Kontrolle trotz der vielen Computer ein bloßer Wunschtraum ist oder sogar ein Albtraum.

Was hilft uns in Umbruchzeiten, wenn wir bemerken, dass wir das Leben nicht völlig in den Griff bekommen? Was kann uns Zuversicht schenken, wenn unser Vertrauen in uns, in andere oder in die Welt immer wieder erschüttert wird?

Die paradoxe Antwort dieses Buches lautet: Gerade in Umbruchzeiten können wir besonders gut Vertrauen finden, auch wenn das nicht leicht ist. Wie kann das sein? In schwierigen Zeiten dämmert uns die – vermutlich auch schmerzhafte – Einsicht, dass wir unser Leben mit dem Verstand und technischen Mitteln nicht völlig kontrollieren können. Und erst, so die These dieses Buches, wenn wir nicht mehr so verbissen und verzweifelt an unseren Ansichten und Meinungen, an Erwartungen und Befürchtungen hängen, entdecken wir ein Vertrauen, das mehr weiß, als unsere Schulweisheit sich träumen lässt. Krisen- und Veränderungszeiten sind nicht einfach, aber sie schenken uns die Chance, Kontrollwünsche und allzu feste Lebensstrategien zu hinterfragen und loszulassen. Dann haben wir die Chance, ein Vertrauen zu entdecken, das uns auch dann trägt, wenn alles zusammenbricht. Dieses Vertrauen gibt uns die Kraft und die Zuversicht, uns aufs Leben einzulassen, gerade weil wir wissen, dass wir es nie völlig in den Griff bekommen können. Vertrauen reduziert Komplexität, weil wir nicht mehr alles verstehen *müssen*, und zwar aus der tiefen Einsicht, dass wir das auch gar nicht *können*.

Es ist und bleibt paradox. Gerade dann, wenn das Vertrauen auf unsere eigenen Fähigkeiten und die der anderen erschüttert wird, können wir ein neues und tieferes Vertrauen ins Leben entdecken. Dabei können uns Gespräche mit vertrauten Menschen und das Interesse an neuen Wegen und der Mut, sie auszuprobieren, unterstützen. Das Buch umkreist diese drei Arten des Vertrauens - in uns und andere und ins Leben – aus unterschiedlichen Perspektiven und zeigt auf, wie sie sich ergänzen können. Ich habe sie in Krisenzeiten mit der Hilfe buddhistischer Lehren und Übungen in mir und anderen entdeckt. Sie bilden den Grundton meines Lebens und meiner Kurse als buddhistische Meditationslehrerin.

1

Drei Dimensionen von Vertrauen

> »Mangelndes Vertrauen ist nichts als
> die Ursache von Schwierigkeiten.
> Schwierigkeiten haben ihren Ursprung
> in mangelndem Vertrauen.«
>
> *Lucius Annaeus Seneca*

Was ist Vertrauen?

Wenn wir uns selbst und anderen Menschen einigermaßen vertrauen, kommen wir ziemlich weit, und vermutlich leben wir dann ein einigermaßen gutes Leben. Wir wissen, dass wir in einem bestimmten Bereich mit unserem Tun etwas bewirken können, und fühlen uns ziemlich geborgen mit vertrauten Menschen. Das hilft uns, das alltägliche Auf und Ab zu verarbeiten und nicht zu verzweifeln, wenn Dinge schieflaufen oder wir in Konflikte mit anderen geraten.

In ernsthaften Lebenskrisen – schwere Krankheit, schmerzhafte Trennung, Verlust des Arbeitsplatzes oder der beruflichen Perspektive, der Tod naher Menschen u. Ä. – kann es sein, dass uns auch eine zuversichtliche Lebenseinstellung, nahe Menschen und unsere vertraute alltägliche Welt nicht wirklich trösten können. Sie sind und bleiben wichtig, doch manchmal verzweifeln wir. Wir fragen uns, was dieses ganze Leben soll. Wenn langjährige Freundschaften und Zweierbeziehungen und scheinbar stabile Lebensverhältnisse zerbrechen, geht uns auf, dass wir das Leben nie völlig in den Griff bekommen werden, auch dann nicht, wenn wir fast alles »richtig« machen. Was kann uns in solchen Momenten tragen? Meine Mutter und Großmutter konnten noch mit tiefster Zuversicht sagen: »Der Herr hat's gegeben, der Herr hat's genommen, der Name des Herrn sei gelobt.« Es gab Zeiten, da habe ich sie um diese Zuversicht beneidet.

Wenn alle Stricke reißen und der Boden unter unseren Füßen ins Wanken gerät, brauchen wir Vertrauen ins Leben, dann brauchen wir das, was religiöse Menschen Gottvertrauen nennen. Letztlich ist es ziemlich gleichgültig, wie wir das, was uns dann trägt, bezeichnen. Die Menschen haben im Laufe der kulturellen Entwicklung unterschiedliche Bilder und Metaphern gefunden, um das Unfassbare, das uns alle trägt, zu beschreiben. Wir nennen es Gott oder Kosmos, Natur oder Leben. Im indischen Kulturkreis nennen sie es Brahman oder Buddha-Natur und im alten China die unauflösbare Verbindung von Himmel, Erde und Mensch. In den letzten Jahren höre und lese ich häufiger: das, was größer ist als wir.

Vertrauen hat viele Dimensionen und entsprechend viele Bedeutungsnuancen. Sprachlich verwandt sind »sich trauen« und »Zutrauen« und umgangssprachlich »Traute haben«, im Sinne von Selbstvertrauen und Mut. Eine Grundbedeutung ist »treu«, auch »fest und sicher sein, hoffen und glauben« und »teuer, tapfer, fest«. Manche Sprachforscher sehen eine Verbindung zu Holz und Baum und davon abgeleitet die Bedeutung »fest wie Holz oder wie ein Baum«. Auch der Begriff »Trauung« für die Heiratszeremonie oder die alten Begriffe »Angetraute, Angetrauter« für Ehefrau und Ehemann erinnern uns an den Mut, den es braucht, sich einem anderen Menschen »anzuvertrauen«, sich auf andere zu beziehen und zuzulassen, dass andere sich auf uns beziehen. Worauf beruhen diese unterschiedlichen Arten des Vertrauens und wie entstehen sie? Wie können wir sie stärken? Das ist meine Leitfrage für dieses Buch.

Die Wortfamilie von Vertrauen hat etwas mit Mut und mit Zuversicht in die *eigenen* Fähigkeiten zu tun und mit der Hoffnung auf Sicherheit und der Hoffnung auf stabile Beziehungen zu *anderen*. Das deckt zwei der zentralen Dimensionen von Vertrauen ab: Selbstvertrauen und Vertrauen in andere. Die dritte Dimension – Vertrauen ins Leben oder Urvertrauen, religiöse Menschen nennen es Gottvertrauen – wird, hoffentlich, spürbar, wenn man im Laufe des Lebens schmerzhaft erlebt, dass Selbstvertrauen und Vertrauen in andere Menschen nicht ausreichen. Denn wir können und wissen nicht alles und schätzen uns und andere auch häufig falsch ein, und da die anderen Menschen genauso fehlbar und unvollkommen sind wie wir selbst, können sie unsere Erwartungen enttäuschen.

Drei Dimensionen von Vertrauen

- Urvertrauen, Gottvertrauen oder Vertrauen ins Leben
- Vertrauen in andere Menschen
- Selbstvertrauen oder Vertrauen in die eigene Selbstwirksamkeit

Selbstvertrauen und Vertrauen zu anderen

Aus Sicht der Entwicklungspsychologie steht Selbstvertrauen am Ende einer gelungenen Kindheit. Wenn das stimmt, dann lautet die Reihe: Urvertrauen, Vertrauen auf andere und schließlich Selbstvertrauen. Und das bleibt nur stabil, wenn wir auch die anderen beiden Arten von Vertrauen spüren und zulassen können. Am Anfang des Lebens steht vermutlich ein unspezifisches, vielleicht einfach organisches Vertrauen ins Leben. Ein Urvertrauen, ein tiefes und letztlich unfassbares Vertrauen des Fötus und dann des Neugeborenen ins Leben, denn sonst würde sich wohl »niemand« trauen, das schützende Paradies des Mutterleibes zu verlassen. Viele Psychologen gehen davon aus, dass auch eine sanfte Geburt eine relativ schwierige, wenn nicht sogar traumatische Erfahrung ist. Aus dem Paradies des »ozeanischen Gefühls« der Geborgenheit in der Mutter herauszufallen können wir dann verkraften, wenn wir den Menschen vertrauen können, die uns nach der Geburt (hoffentlich) liebevoll versorgen und unsere Entwicklung mit Interesse und Wertschätzung begleiten.

Auch wenn niemand perfekte Eltern hat, scheint bei den meisten Kindern genug Vertrauen auf diese ersten Bezugspersonen zu entstehen, dass wir unendlich viel lernen können. In sicherer Nähe zum

»Mama-Knie«, wie meine Schülerin Lily Besilly es 2015 in einem Kurs nannte, riskieren wir die ersten selbständigen Schritte, und unser Leben lang basteln wir uns menschliche, emotionale, geistige und spirituelle »Mama-Knies«, die uns einigermaßen Sicherheit geben, wenn wir nicht weiterwissen. Entwicklungspsychologisch betrachtet, manifestiert sich also am Anfang ein gewisses Urvertrauen, das sich dann in Selbstvertrauen verwandelt, wenn es durch das Vertrauen in Menschen, die uns als Säuglinge und Kleinkinder wohlwollend begleiten, unterstützt wird. Und alle drei Arten von Vertrauen beeinflussen einander und stärken sich.

Ich möchte zunächst etwas zum Selbstvertrauen sagen, denn das steht für erwachsene Menschen meist im Zentrum, gerade wenn wir an uns und unseren Fähigkeiten zweifeln. Im zweiten Schritt spreche ich dann über Facetten unseres Vertrauens in andere und schließlich über das begrifflich nicht fassbare und letztlich nicht beweisbare oder rational begründbare Vertrauen ins Leben. Das brauchen wir vor allem dann, wenn wir mit uns und unseren Mitmenschen nicht besonders gut zurechtkommen oder uns um die politischen, sozialen und ökologischen Bedingungen und um die Zukunft unseres Planeten sorgen oder vielleicht sogar an politischem oder kulturellem Weltschmerz leiden.

Selbstvertrauen: Beziehungen und Freiräume, spielen und gestalten

»Vertraue nur dir selbst, wenn andere an dir zweifeln, aber nimm ihnen ihre Zweifel nicht übel.«

Joseph Rudyard Kipling

Die Entwicklungspsychologie geht davon aus, dass wir dann Selbstvertrauen entwickeln können, wenn wir genügend Vertrauen in Menschen haben, die uns als Kinder begleiten. Unsere Eltern oder die primären Bezugspersonen müssen dafür nicht perfekt sein. Es genügt, wenn sie »gut genug« sind, wie es der einflussreiche Kinderarzt und Psychiater Donald Winnicott einmal ausdrückte. Und unter ungünstigen familiären Bedingungen reicht es sogar, wenn es lediglich ein, zwei Erwachsene im Umfeld gibt, die uns etwas zutrauen und uns bei unseren ersten Schritten »in die weite Welt hinein« unterstützen und wohlwollend begleiten. Das kann eine Nachbarin oder Erzieherin sein, die uns zehn Minuten in der Woche zuhört und ermutigt, tröstet oder mit uns zusammen überlegt, wie man einen Streit beilegen kann (Elschenbroich 1999).

Der buddhistische Psychologe John Welwood betont darüber hinaus auch die Notwendigkeit des Freiraums zum eigenen Forschen. Kinder brauchen ihm zufolge vor allem zwei Bedingungen, um Selbstvertrauen zu entwickeln: Beziehungen und Raum. Genügend Kontakt zu vertrauenswürdigen Menschen und genügend Freiraum, um sich und die Welt selbständig zu erkunden (Welwood 2010). Wir lernen Selbstvertrauen nicht primär durch unspezifisches Lob und bedingungslose Zuwendung, sondern vor allem dann, wenn wir mit unseren fünf Sinnen, mit eigenen Händen und mit dem eigenen Körper die Welt erkunden dürfen. Im Spielen stellen wir immer wieder unser anfängliches Verständnis der Welt nach und lernen die Gesetze des Lebens kennen: die Naturgesetze der Schwerkraft und der Bewegung und die sozialen Gesetze unserer Kultur. Wir experimentieren mit Gesten, Sprache und Bedeutung, mit Regeln und Abläufen, mit Dingen – und mit Menschen.

Nicht nur Kinder brauchen Kontakt und Freiräume, um ganz Mensch zu werden. Auch als Erwachsene brauchen wir andere Menschen und – äußere und innere Freiräume, in denen wir unser Leben und Erleben mit Herz und Verstand überprüfen, uns andere Möglichkeiten vorstellen und unsere Prioritäten immer wieder klären. Damit wir unser Erleben hinterfragen und uns Gegenentwürfe zum Bestehenden vorstellen können, brauchen wir Lebenserfahrung, vor allem die Erfahrung, zusammenhängende Abläufe von Anfang bis Ende kennenzulernen (Bodamer 1958). Als Kinder setzen wir Bauklötze aufeinander und stellen mit unseren Puppen und kleinen Figuren Familienszenen und Berufssituationen nach. Wir bauen eine Sandburg und spielen mit anderen Verstecken. Als Jugendliche und Erwachsene lernen wir einen Beruf und beginnen, komplexere Abläufe zu verstehen. In der Freizeit backen wir Kuchen oder kochen für unsere Freunde, gehen zusammen wandern, treiben mit anderen Sport, spielen Karten oder lernen ein Instrument, kümmern uns um die Pflanzen im Garten oder auf dem Balkon, versenken uns in allerlei Hobbys, erkunden unser Stadtviertel usw. Die Thesen des Neurologen und Psychiaters Joachim Bodamer sind hart: Je weniger wir bestimmte Dinge in ihrem *ganzen* Ablauf kennen und Abläufe selber gestalten oder beeinflussen können, desto schwächer wird unsere Imaginationskraft und unsere Fantasie und desto weniger können wir uns *Gegenentwürfe* zum Bestehenden vorstellen.

Vielleicht sind viele Menschen auch aus diesem Grund politisch mutlos oder politikverdrossen, weil sie gar nicht mehr wissen, wie man etwas anfängt und auch zu Ende führt. Das andere Extrem der Politikverdrossenheit sind unrealistische politische Forderungen ohne jede Bodenhaftung, und auch das hat vielleicht damit zu tun, dass viele Menschen kaum noch einigermaßen komplexe Abläufe aus erster Hand kennen. Daher verlieren wir uns leicht in abstrakten Forderungen und utopischen Vollkommenheitsidealen. Das setzt uns selbst unter Druck und andere auch. Unrealistische Erwartungen an uns und andere, an Umstände und Bedingungen sind vermutlich auch ein zentraler Faktor für Überforderung und Burnout-Symptome.

Wer schon einmal die Verantwortung dafür übernommen hat, einen Garten in Ordnung zu halten oder Freizeitaktivitäten der Kinder zu koordinieren, einen Verein zu führen, ein Stadtteilfest mit zu organisieren oder als Elternbeirat im Kindergarten oder in einer Schule mitzuwirken, weiß, wie schwer das ist. Mit solchen Erfahrungen im Hintergrund wissen wir, dass es nicht ausreicht, hohe Ideale oder Ansprüche zu formulieren. Wir entwickeln dann tragfähiges Selbstvertrauen, wenn wir komplexe Abläufe selber gestalten können. Wenn das aufgrund der Arbeitsteilung in einigen Berufen und Arbeitsfeldern seltener möglich ist, können wir zumindest im Freizeitbereich dafür sorgen, dass wir Leben aus erster Hand kennenlernen und nicht nur vermittelt durch Maschinen, Modelle, Vorstellungen und Medien. Selbstvertrauen braucht Lebenserfahrung, und die gewinnen wir nur, wenn wir einfache und komplexere Arbeitsabläufe planen und durchführen, allein und mit anderen.

REFLEXION

Selbstvertrauen durch Beziehungen und Freiräume

- Welchen Menschen vertrauen Sie einigermaßen?
- Wem haben Sie in Ihrer Kindheit vertraut?
- Welche Abläufe gibt es in Ihrem Alltag, die Sie selbst planen und durchführen?
- Gibt es genügend solche Bereiche?
- Wünschen Sie sich mehr davon?
- In welchem Bereich?

Eine weitere Dimension von Selbstvertrauen entsteht, wenn wir uns trauen, unsere kulturellen Werte zu hinterfragen und eigene Fragen entdecken.

Wenn wir lernen, selbständig zu denken, und unsere Ansichten und Einschätzungen mit anderen austauschen. Darauf gehe ich im zweiten Kapitel ausführlicher ein. Jetzt möchte ich einige Überlegungen zur Bedeutung anderer Menschen für die Entwicklung eines tragfähigen Selbstvertrauens vorstellen.

Wie entsteht Selbstvertrauen?

- Durch Beziehungen und Freiräume.
- Wir fassen Vertrauen zu uns selbst, wenn wir uns in anderen spiegeln können und Freiräume finden, in denen wir unsere Fähigkeiten ausprobieren können.
- Durch Lebenserfahrung, durch das Wissen, wie man einfache und komplexe Abläufe selbst planen und beeinflussen kann.

Vertrauen in andere: Gruppe und Vorbilder

»Wer nicht genügend vertraut,
wird kein Vertrauen finden.«

Laotse

»Nichts kann den Menschen
mehr stärken als das Vertrauen,
das man ihm entgegenbringt.«

Paul Claudel

Zwei Bedingungen fördern bei Kindern Vertrauen zu *anderen*: Vorbilder und Gruppen, denen sie sich zugehörig fühlen. Auch für Erwachsene spielen Vorbilder und Menschen, denen sie auf Augenhöhe begegnen können, eine wichtige Rolle.

Vorbilder

Vorbilder inspirieren uns, etwas Neues zu lernen, und sie ermutigen uns durch ihr bloßes Dasein. Sie müssen nicht perfekt sein, genauso wenig wie Lehrerinnen und Lehrer in der Schule, in der Ausbildung, in der Politik und im spirituellen Bereich. »Wir können dann von jemandem etwas lernen, wenn das, was uns stört, uns nicht daran hindert, das zu lernen, was wir lernen können.« Auf diesen schlichten Punkt bringt es ein buddhistischer Meditationslehrer, der Engländer Michael Hookham (Rigdzin Shikpo 1999). Dieser Rat dient mir seit zwanzig Jahren als Orientierung in einer Welt, in der so viele Leute glauben, sie hätten den Stein der Weisen gefunden, und die uns dann mit trivialen 1-2-3-Techniken beglücken, die nie funktionieren. Denn Leben ist komplex. Aber auch von ihnen können wir vielleicht etwas lernen, wenn wir ihnen nicht blind glauben, sondern ihre Weisheiten mit Herz und Verstand prüfen.

Wir brauchen vertrauenswürdige Personen, die uns inspirieren, nicht nur als Kinder und Jugendliche, sondern auch als Erwachsene. Sie können unsere kindlich-neugierige Seite aktivieren, die prinzipiell offen ist für neue Perspektiven und die uns befähigt, neue Wege zu gehen.

Vorbilder sind ein Geschenk des Himmels, denn sie können uns Mut machen, wenn unsere Zuversicht schwindet, und sie können uns ernüchtern und zur Räson bringen, wenn wir übermütig werden und unsere Fähigkeiten überschätzen.

Vorbilder und inspirierende Menschen seit meiner Kindheit

- Gehen Sie rückwärts von heute in Fünfjahresschritten durch Ihr Leben. Denken Sie an die Menschen, die Sie inspiriert haben oder die Ihnen ein Vorbild waren. Wenn Sie mögen, machen Sie sich Notizen.
- Was hat Sie an der jeweiligen Person beeindruckt?
- Welches Anliegen haben Sie mit ihr entdeckt?
- Zu wem haben Sie heute noch Kontakt?
- Wenn Sie die Liste der Personen über Ihr Leben hinweg betrachten, gibt es ein verbindendes Element? Finden sich wiederkehrende Themen, bestimmte Werte oder Eigenschaften, die Sie beflügeln?
- Wie könnten Sie heute etwas davon in Ihr Leben einfließen lassen oder zum Ausdruck bringen?

Gruppen

Kinder entdecken durch Spielen und Lernen in Gruppen von Gleichaltrigen die Vielfalt menschlicher Möglichkeiten auf ihrem Niveau kennen. Da unterschiedliche Kinder unterschiedliche Ideen haben, wie man was spielen kann, lernen sie so unmittelbar, dass Menschen verschieden und dass diese Unterschiede etwas Wunderbares sind. In Gruppen, denen wir uns zugehörig und in denen wir uns wohlfühlen, erleben wir ebenfalls sinnlich und unmittelbar, dass wir Teil eines größeren Zusammenhangs sind, der uns auch helfen und schützen kann, wenn wir nicht weiterwissen oder wenn Gefahr droht. Wenn wir das als Kinder und Jugendliche lernen, sind wir als Erwachsene fähig und bereit, mit anderen zusammenzuarbeiten, in Familie und Beruf, in der Freizeit und im gesellschaftlichen und politischen Raum. Wir stärken eine Gruppe durch unseren Einsatz, erleben aber auch die anderen als stärkend und tragend.

Nach meiner Erfahrung brauchen auch Erwachsene zwei, drei Gruppen, denen sie sich zugehörig fühlen – sei es ein Chor, eine Wandergruppe, ein Sportverein oder ein Freundeskreis, die Kirchengemeinde, ein Meditationskreis oder eine politische Gruppierung. Das Geschenk einer längerfristigen Gruppe besteht neben der inhaltlichen Inspiration und der emotionalen Verbundenheit besonders darin, dass sie unsere Akzeptanz von Andersartigkeit fördert. Wenn wir ein gemeinsames Anliegen teilen, sind wird eher bereit, auch mit den Menschen zusammenzuarbeiten, die wir nicht besonders mögen oder manchmal seltsam finden. Und diese Fähigkeit, mit »Menschen im Plural« (Hannah Arendt) unsere gemeinsame Welt zu gestalten und uns darüber zu verständigen, ist nicht nur Grundbedingung einer lebendigen Demokratie, sondern sie hilft uns auch, unterschiedliche und auch widersprüchliche Seiten in uns besser zu erkennen, sie auszuhalten und mit der Zeit zu integrieren. Wenn wir das können, sind wir eher in der Lage, unseren eigenen Standpunkt auch gegen Widerstand zu vertreten, und das stärkt unser Selbstvertrauen.

Wichtige Gruppen

- Gehen Sie rückwärts von heute in Fünfjahresschritten durch Ihr Leben und denken Sie an Gruppen, die für Sie wichtig waren und denen Sie sich zugehörig fühlten.
- Welche Anliegen und Interessen haben Sie geteilt? Zu wem haben Sie heute noch Kontakt?
- Welchen Gruppen fühlen Sie sich derzeit zugehörig und welche Anliegen teilen Sie mit diesen Menschen?
- Gibt es eine Gruppe, der Sie sich gerne anschließen würden?
- Könnten Sie selbst eine Gruppe gründen, mit der Sie ein bestimmtes Anliegen teilen wollen?

Eine wichtige Rolle im Leben spielen Gruppen mit Menschen, mit denen wir wesentliche Anliegen teilen, z. B. das Geschlecht. In Mädchen- und Jungengruppen, in Frauen- und Männergruppen lernen wir von ganz alleine, dass wir vieles gemeinsam haben und doch verschieden sind und sein dürfen. In Mädchen- und Frauengruppen habe ich seit meiner Jugend bei den Pfadfinderinnen die Dynamik von Gleichheit und Verschiedenheit verstehen gelernt. Man kann das leicht übertragen auf andere Unterschiede: in Kultur und Religion, in Politik und Lebensstil. Meine Faustregel lautet heute: Wir brauchen genügend Kontakt zu Menschen, mit denen wir wesentliche Anliegen teilen – Geschlecht, Religion, Kultur, politische Ansichten, Lebensstil usw. –, damit wir fähig werden, uns mit Menschen zu verständigen, die anders sind. Und auch in diesen Gruppen sind Vorbilder wichtig, die uns durch ihr Leben zeigen, was möglich ist.

Vorbilder und Gruppen

- Vorbilder können uns dazu inspirieren, Neues zu entdecken.
- In Gruppen lernen wir die Vielfalt menschlicher Möglichkeiten schätzen.
- Vorbilder und Gruppen, mit denen wir Anliegen teilen, können uns dazu befähigen, uns mit Menschen zu verständigen, die anders sind als wir.

Wir brauchen nicht nur in der Jugend, sondern unser ganzes Leben Vorbilder und Gruppen. Vorbilder zeigen uns unsere Möglichkeiten, und in Gruppen – Kindergarten, Schule, Betrieb, Sport, Politik, Kultur, Hausgemeinschaft usw. – erleben wir uns, ganz konkret und immer wieder, als unterschiedlich und doch gleichwertig mit anderen. Beide Erfahrungen brauchen wir, um uns und andere besser einschätzen zu können.

Da wir alle keine Engel sind, gehören Enttäuschungen zum Leben. Solange *wir* Ecken und Kanten haben, werden wir niemanden finden, der absolut perfekt ist. Wir können nicht immer die Erwartungen von anderen erfüllen, und sie können das auch nicht. Manche Menschen ziehen sich nun aus Angst vor Enttäuschungen und Verletzungen zurück. Das ist verständlich, und es gehört auch zu bestimmten Phasen und Krisen des Lebens. Wenn wir uns aber grundsätzlich und dauerhaft nicht auf Beziehungen einlassen *wollen*, macht das unser Leben sehr schwierig. Ich glaube, wenn wir, gerade in Krisenzeiten und Umbrüchen, begreifen, wie *wichtig* andere Menschen für unser Selbstvertrauen sind, werden wir vielleicht etwas großzügiger und schrauben unsere Erwartungen an sie zurück und lassen auch mal fünf gerade sein. Dabei hilft die vielleicht auch manchmal bittere Einsicht, dass auch wir selbst normale Menschen sind und andere ungewollt verletzen und enttäuschen.

Die dritte Art des Vertrauens, das Vertrauen ins Leben, in das, was größer ist als wir, und das wir nie ganz fassen können, fehlt heutzutage vielen von uns und daher neigen vor allem verunsicherte Menschen mit wenig Selbstvertrauen und wenig Vertrauen in andere zu einfachen Welterklärungen und extremen Ideologien.

Vertrauen ins Leben und die Grenzen des Denkens

»Vertrauen heißt, seine Ängste nicht mehr zu fürchten.«

Ernst Ferstl

Die dritte Art des Vertrauens – das bedingungslose Vertrauen ins Leben – trägt uns am Anfang unseres Lebens, wenn nicht besonders schwierige Umstände, wie etwa Krieg und Gewalt, das verhindern. Aber wir brauchen es das ganze Leben, um an schwierigen Erfahrungen nicht zu *ver*zweifeln, wenn wir uns und andere und die ganze Welt infrage stellen. Manche Menschen scheinen eine große Portion Urvertrauen mitzubringen. Wir nennen sie Optimisten, und die Glücksforschung »weiß«: »Optimisten leben länger« (Seligman 2010). Diese Art von Vertrauen fällt besonders *den* Menschen schwer, die sich für aufgeklärt halten und nur materiell fassbare Tatsachen und vernünftige Gründe und Beweise ernst nehmen. Dass auch sie bloß an die Beweiskraft materieller Tatsachen *glauben*, bemerken sie in der Regel nicht. Wird dieser Glaube an die Macht der Vernunft und Kontrolle erschüttert, verzweifeln Verstandesmenschen leicht. Auch das ist aus meiner Sicht ein Faktor für die Zunahme von Depressionen und Lebensangst. Das Paradox besteht nun darin, dass gerade Kopfmenschen erst dann tiefes Vertrauen ins Leben finden können, wenn sie, meist in einem Schock, begreifen, dass sie ihr Leben trotz guter Planung und korrekter Lebensführung nie ganz in den Griff bekommen. Philosophisch formuliert bedeutet das, ihnen ist »das Leben problematisch geworden« (Jaspers 1971). *Die Erschütterung des Glaubens an die Macht der Vernunft ist die Voraussetzung für Gottvertrauen, für Vertrauen ins Leben, mitten in einer Krise.*

Umbruchzeiten und der frustrierte Verstand

Uns wird das Leben »problematisch«, wenn wir in Umbruchzeiten und Lebenskrisen feststellen müssen, dass unsere bisherigen *Ansichten* und *Meinungen* über das Leben uns nicht mehr tragen. Bisher akzeptierte Aussagen über das Leben als Fortschritt, als erklärbar und verstehbar, greifen nicht mehr. Wir können das nicht mehr *glauben*, und in dem Moment begreifen wir, dass wir auch bisher nicht wirklich wussten, wie das Leben funktioniert, sondern nur *glaubten*, das zu wissen. Diese Einsicht kann uns tief erschüttern, und die meisten Menschen erleben dann eine kürzere oder längere Krise. Gerade in solchen Zeiten sind Gespräche mit Gleichgesinnten und mit Vorbildern, mit Menschen, die auch durch Krisen gegangen sind, eine unschätzbare Hilfe. Sie zeigen uns, dass auch solche Krisen zum erwachsenen Leben gehören und dass tiefe Zweifel nichts Verkehrtes sind.

Wenn wir in solchen Zeiten nur auf den Verstand setzen, kann uns das in die Sackgasse des *Nihilismus* führen. Das geschieht dann, wenn wir nur das glauben, was wir selbst verstehen, wenn wir nur uns selbst und ein paar ausgewählten Menschen trauen, denen es ähnlich geht wie uns. Wenn der Verstand begreift, dass er nicht alles verstehen kann, zieht er leicht den falschen Schluss, dass es nämlich alles, was er nicht versteht, nicht gibt, und dann wird der ganze Bereich des Nichtverstandenen ein schwarzes Loch. Der Verstand bezeichnet das, was er nicht versteht, als nichts und *glaubt* dann an »nichts« und behauptet: »Es gibt keinen Sinn im Leben« und: »Der Mensch ist bloß ein Staubkorn in einem sinnlosen Weltall ohne jede Bedeutung«.

Mit ein bisschen gesundem Menschenverstand geraten wir nicht in die Sackgasse des frustrierten Verstandes. Uns geht dann nämlich auf, dass wir bisher nur *glaubten*, wir könnten irgendwann die Welt wirklich verstehen: mithilfe der harten Wissenschaften und der neuen Medien, mit Maschinen und Techniken, ja vielleicht mit künstlicher Intelligenz und biologisch aufgerüsteten Computern. Genau dieser *Glaube* an die Möglichkeit des begrifflichen Verstehens hat uns bisher Mut gemacht, uns dem Leben in seinem Auf und Ab mit mehr oder weniger Zuversicht zu stellen.

Wenn wir diesen Glauben an die Verstehbarkeit des Lebens als *Glauben* durchschauen, könnte es sein, dass wir erleichtert aufatmen und – uns entlastet fühlen vom Verstehenmüssen. Dann dämmert uns vielleicht, dass Körper und Geist, wir und die anderen, Natur und Kultur auch dann funktionieren, wenn wir sie nicht verstehen. Und vielleicht sogar besser, wenn wir die Grenzen unseres Verstandes erkennen und mit mehr Wertschätzung und »Demut« staunen über das Wunder des Lebens. *Tiefes Vertrauen ins Leben kann entstehen, wenn wir die Grenzen unseres Verstandes, die Grenzen von Wissen und Können ahnen und gleichzeitig über die unendliche Vielfalt der Welt staunen.*

Staunen

- Wann haben Sie das letzte Mal über das Wunder der Natur, das Wunder des Lebens gestaunt?
- Über die unfassbare Schönheit einer Schneeflocke oder eines Vogels, einer Blume oder eines Gedichts?
- Über den liebevollen Blick eines vertrauten Menschen, die unfassbare Macht eines Kunstwerks oder die Wirkung eines Musikstückes?

Vertrauen ins Leben

- Manche Menschen haben einfach Urvertrauen, Gottvertrauen oder Zuversicht in Bezug auf das Leben.
- Wenn wir in Krisen unsere Ansichten hinterfragen, kann uns dämmern, dass wir das Leben nie völlig in den Griff bekommen können. Das kann uns erlösen vom Wissenmüssen.
- Und es kann uns öffnen für das Wunder des Lebens, das Tag für Tag geschieht, auch wenn wir es nicht verstehen.

Was können erwachsene Menschen tun, die das Vertrauen ins Leben verloren haben? Zunächst entlastet es uns, wenn wir verstehen, dass das kein persönliches Versagen ist, sondern mit den Auswirkungen unserer Umbruchzeit zu tun hat.

Es ist eine große Herausforderung, ja eine Zumutung, als moderner oder postmoderner Mensch wieder Vertrauen ins Leben zu fassen, denn wir können uns nicht auf eine alte Tradition stützen, und auch der so hoch geschätzte Verstand und die Naturwissenschaften können uns keine Gewissheit schenken. Wir sind vielleicht enttäuscht über uns und andere, aber ohne ein gewisses Maß an Selbstvertrauen, dass wir mit der Zeit einen Weg finden können, und ohne andere Menschen können wir solche Lebenskrisen kaum überstehen und wieder neu oder erstmals Vertrauen ins Leben fassen.

Mich haben seit Mitte, Ende zwanzig immer wieder Menschen inspiriert, die selbst durch Phasen des Zweifels gegangen sind, darunter auch Schriftstellerinnen und Dichter, Musiker und Politikerinnen. Krisenerfahrene Menschen können eine große Stütze sein, vor allem dann, wenn sie nicht in Verzweiflung, Wut und Trauer stecken geblieben sind, sondern wieder einen für sie gangbaren Weg ins Leben hinein gefunden haben.

Ein wunderbares Vorbild ist für mich die politische Philosophin Hannah Arendt. Als Jüdin bekam sie trotz großer Begabung und Anerkennung keine Stelle an einer deutschen Universität, floh vor den Nazis nach Frankreich, wurde dort als Deutsche in ein Lager gesteckt und entkam in letzter Minute mit dem Schiff in die USA. In New York lebte sie als Immigrantin zehn Jahre ohne Pass und hielt sich mit Schreiben über Wasser. Trotz ihrer schweren Lebenserfahrungen verlor sie nie das Vertrauen in Menschen. Sie glaubte bis zu ihrem Tod daran, dass Menschen auch in »finsteren Zeiten« als Menschen »im Plural« über die gemeinsame Welt reden, sich zusammentun und gemeinsam etwas Gutes in der Welt bewirken können (Arendt 2001).

REFLEXION

Krisenerfahrene Menschen

- Welche Menschen haben Sie im Laufe Ihres Lebens inspiriert, gerade weil sie es schwer hatten?
- Welche Schriftstellerinnen und Dichter, Musiker und Politikerinnen machen Ihnen gerade in schweren Zeiten Mut zum Leben?

Innehalten,
entspannen und auftanken

Wer keine Zeit hat, hat keine Seele.

nach Jean Gebser

Vertrauen wächst aus Vertrautheit. Und damit Vertrautheit entsteht, müssen wir uns regelmäßig mit etwas beschäftigen, das uns entspannt und beruhigt. Um uns selbst und andere und hilfreiche Methoden gut kennenzulernen, brauchen wir Freiräume, Zeiten der Muße. Viele Menschen stehen heute aber unter einem hohen Druck. Sie »müssen« beruflich und privat ständig reagieren, auf Ansprüche, E-Mails und Anrufe, ihr Familienleben organisieren, sich um Kinder und Eltern kümmern und haben daher kaum Zeit, Freundschaften und Hobbys zu pflegen, geschweige denn innezuhalten. Sie leben überwiegend im reaktiven Modus und finden wenig Muße, sich zu überlegen, warum sie das alles eigentlich tun.

Es klingt paradox. Durch Maschinen und technische Mittel wollten sich Menschen das Leben erleichtern. Jetzt werden wir von der Technik beherrscht, und unser Leben im reaktiven Modus ähnelt immer mehr dem Leben der Frühmenschen in der Wildnis. Wir sind biologisch darauf konditioniert, auf Geräusche zu achten, denn sie könnten eine Gefahr anzeigen. Der ständige Lärmpegel des Verkehrs und die Unruhe des städtischen Lebens und der neuen Medien halten uns in einer Spannung, die uns auf vielen Ebenen schadet. Diese Spannung aktiviert alte emotionale Muster, schränkt unsere Intelligenz ein und gefährdet unsere Gesundheit. Daher brauchen wir Zeiten der Muße und des Innehaltens wie die Luft zum Atmen.

Frei von äußeren und inneren Zwängen

Damit wir bemerken, wie es uns geht, brauchen wir immer wieder Zeiten der *Muße*, in denen wir frei sind von äußeren Zwängen, von Terminen und Verpflichtungen, aber auch relativ frei von *inneren* Zwängen, wie der strengen inneren Stimme, die uns einredet, wir sollten lieber dies und jenes tun, als bloß herumzusitzen und nichts zu tun. In Zeiten der Muße lernen wir, *zweckfrei* da zu sein, und dann können wir uns ergebnisoffen in allen Dimensionen spüren: körperliche Empfindungen, Gefühle und emotionale Muster, Stimmungen und Gedanken. Wenn wir uns ohne Druck und Angst spüren lernen, hören wir leichter die freundliche

Stimme der Stimmigkeit, die uns sagt, wann eine Situation passt oder nicht passt. Und sie sagt uns auch, was uns hilft, unsere körperliche, emotionale oder geistige Anspannung zu lockern. Wir wissen dann, wie wir uns entspannen und auftanken können.

Sehr günstig ist es, wenn wir uns zunächst jeden Tag zehn Minuten reservieren, in denen wir nichts tun *müssen*. Je nach Biorhythmus und Tagesablauf wählen wir eine Zeit am frühen Morgen, etwa nach dem Duschen und der ersten Tasse Tee oder Kaffee, oder nach der Arbeit oder vor dem Zubettgehen. Wichtig ist, dass wir nicht völlig übermüdet oder unruhig sind. Ein bisschen Müdigkeit oder Unruhe ist für ungeübte *und* für geübte Meditierende normal.

Falls möglich probieren Sie eine der folgenden Übungen einen Monat lang aus, etwa fünf Mal die Woche für fünf bis zehn Minuten, damit Sie eine gewisse Vertrautheit damit erleben und entscheiden können, welche Übung Sie im nächsten Monat ausprobieren oder weiterführen wollen. Es ist nicht so wichtig, welche Übung Sie machen, sondern dass Sie eine Übung finden, die Sie gerne und regelmäßig ausführen. Es ist nicht die Qualität der einzelnen Übung, die sich heilsam auswirkt, sondern die Kontinuität, die Regelmäßigkeit und die Vertrautheit damit. Wenn Sie mit einer Übung vertraut sind, können Sie sich leichter dabei entspannen und – gleichzeitig Energie tanken. Falls Sie Freude am regelmäßigen Üben haben, empfehle ich einen Wochenend- oder Abendkurs bei einer Person Ihres Vertrauens. Alles Weitere ergibt sich von selbst. Wenn Sie Interesse am Üben haben und dabei bleiben, finden Sie die geeigneten Bücher und Menschen, die Sie weiter begleiten können.

ÜBUNGEN

Einfach sitzen:
Stabil, aufrecht und entspannt

- Setzen Sie sich alleine in eine stille Ecke der Wohnung, aufs Sofa, auf einen bequemen Sessel oder einen Lieblingsstuhl. Und dann tun Sie einfach nichts Besonderes. Sitzen Sie für zehn Minuten da und tun einfach, was Sie tun.
- Nach ein paar Wochen wird Ihnen dieses einfache stille Sitzen vertraut sein und Sie bemerken häufiger, was Sie spüren, fühlen oder denken. Nehmen Sie es freundlich zur Kenntnis, auch Ihren Ärger oder die Langeweile, die vielleicht auftauchen. Sie sitzen einfach da und »halten sich aus«.

- Wenn es Sie nicht zu sehr anstrengt, können Sie bequem, aufrecht und stabil auf einem Stuhl sitzen. Eine *stabile* Haltung fördert per se Vertrauen; wenn wir *aufrecht* sitzen, sind wir wacher; und wenn wir *bequem* sitzen, können wir besser entspannen.
- Falls Sie sich von einem Timer daran erinnern lassen, dass die Übung zu Ende ist, bleiben Sie anschließend noch ein paar Momente sitzen, ohne sich etwas Bestimmtes vorzunehmen.

Variante: Wenn Sie mit dieser Übung vertraut sind, können Sie sie auch im Liegen durchführen, wenn Ihnen das Sitzen einmal schwerfällt.

Sitzen mit »Ja - danke«

- Wenn es Ihnen schwerfällt, einfach zu sitzen und sich auszuhalten, können Sie in derselben Sitzhaltung eine einfache Atemmeditation ausprobieren. Richten Sie etwa zwanzig Prozent der Aufmerksamkeit auf den natürlichen Atemfluss und sagen innerlich im Rhythmus des Atmens »Ja – danke« oder »Ja zum Leben – danke fürs Leben« oder, falls Ihnen das zu christlich klingt, etwas neutraler »danke ans Leben«.
- Sie brauchen dafür den Atemrhythmus nicht zu beeinflussen. Lassen Sie den Atem in Ruhe und spüren Sie nur das Ein- und Ausatmen.
- Am Ende der Übung bleiben Sie ein paar Momente sitzen, ohne sich etwas Bestimmtes vorzunehmen.
- Wer diese Übung häufiger macht, entdeckt, dass wir

den Atem nicht aktiv zu beeinflussen brauchen, sondern dass er von ganz alleine in seinem eigenen Rhythmus fließt. Das ist die einfachste Art und Weise, unser Vertrauen ins Leben zu stärken. Durch eine kleine, unkomplizierte Atemübung entdecken wir die Körperintelligenz, die unser Leben trägt, auch ohne dass wir verstehen, wie das genau funktioniert.

Gehen mit »Ja - danke«

- Falls Sie einen Garten oder einen langen Flur haben, können Sie sich eine Strecke von etwa zwanzig Schritten vornehmen, zehn Minuten hin und her gehen und im Rhythmus der Schritte innerlich »Ja – danke« sagen.
- Synchronisieren Sie beim Gehen die Worte mit den Schritten und nicht mit dem Atem, sonst kommen Sie unter Druck. Gehen Sie in dem Tempo, das Ihnen gerade angenehm ist: im normalen Schritttempo, etwas langsamer oder in Zeitlupe, jeweils für einige Minuten, so wie es passt.
- Wenn Ihnen sehr viele Gedanken durch den Kopf gehen, können Sie ab und zu innehalten. Oder auch einmal rückwärtsgehen. Das macht wacher.
- Am Ende der Übung bleiben Sie ein paar Momente still stehen, ohne sich etwas Bestimmtes vorzunehmen.

Varianten: Sie können sich auch vornehmen, einen bestimmten Weg, den Sie häufig nehmen, mit »Ja – danke« zu gehen. Dann gehen Sie einfach von zu Hause zur

U-Bahn oder zum Bus, mit dem Hund um den Block o. Ä., innerlich mit diesen Worten. Wer häufiger Treppen steigen muss, kann sich auch vornehmen, mit »Ja – danke« die Treppe hinauf- oder herunterzugehen. Wenn Sie wenig Platz haben, können Sie auch ein paar Minuten konstruktiv »auf der Stelle treten« und in unterschiedlichem Tempo z. B. neben dem Schreibtisch oder in der Küche, an der Bushaltestelle, am U-Bahnhof oder in der Warteschlange bei Einkaufen »auf der Stelle gehen«.

Wie eine Atemübung kann auch diese einfache Gehmeditation unser Vertrauen ins Leben stärken, denn unser Körper weiß, wie man geht, auch ohne dass wir verstehen, wie das funktioniert.

....

Druck und Entspannung

Zur Inspiration möchte ich noch ein paar Hinweise auf die *gesundheitlichen* Auswirkungen von Hektik, Druck und Angst und von Entspannung geben. Wenn wir unter Zeitdruck stehen, eine schwierige Aufgabe zu bewältigen haben oder mit jemandem streiten, schaltet unser Körper automatisch in den aktiven Sympathikus-Modus um. (Unser vegetatives Nervensystem besteht aus zwei Strängen: dem sog. Sympathikus, der für Aktivität zuständig ist, und dem Parasympathikus, der für Entspannung sorgt.) Unsere innere Alarmanlage schaltet in diesem Moment sozusagen auf Gefahr und schüttet jede Menge Adrenalin und Dopamin aus. Das Anziehende an diesem Modus ist, dass wir uns dabei häufig groß und stark fühlen. Der Nachteil ist, dass unser System gleichzeitig versucht, an anderer Stelle Energie zu sparen, unser Schlaf- und Verdauungssystem lahmlegt und auch unser Immunsystem herunterfährt. Wenn der Tiger kommt, ist es günstig, wenn wir nicht durch Hunger oder Müdigkeit abgelenkt werden, und für eine kurze Zeit verkraftet das auch unser Immunsystem. Wenn wir allerdings nicht regelmäßig Pausen einlegen, schadet das unserer Gesundheit.

Wir können nicht jeden Tag unter Hochdruck arbeiten, wir brauchen immer wieder Phasen, in denen wir einigermaßen wach und entspannt tätig sind. Zudem benötigen wir jeden Tag mindestens eine kurze Mittagspause und nach der Arbeit eine längere Pause. Dann kann der Körper in den Ruhe- oder Parasympathikus-Modus umschalten und den offenen, weiten Raum spüren, in dem das Leben geschieht. *Wir brauchen diese Phasen der Ruhe und Entspannung nicht nur für unsere Gesundheit, sondern auch für Herz und Verstand. Im Modus der Entspannung leben wir für Momente ohne Angst und können dann immer wieder das tiefe Vertrauen spüren, das uns auch in unruhigen Zeiten trägt.*

2

Vertrauen und Einsicht: Chancen und Risiken

Seit dem Zeitalter der Aufklärung interpretieren viele Menschen Glauben und Wissen bzw. Glauben und Vernunft als unversöhnliche Gegensätze. Und doch hat auch Martin Luther beides betont: den Glauben *und* die Vernunft. Er betonte die Freiheit des Christenmenschen und zugleich die zentrale Rolle des Glaubens. Seit der Reformation, also seit fast fünfhundert Jahren, ist jeder Christ mit dem Segen der Reformatoren aufgefordert, bei der Lektüre der Heiligen Schrift seine Vernunft zu gebrauchen und gleichzeitig an die Erlösung durch Jesus Christus zu glauben, d.h. Vertrauen in etwas zu fassen, das schwer zu glauben ist. Das zu leben scheint allerdings nicht leicht. Das Problem liegt darin, dass man weder Glauben noch Vernunft völlig verstehen noch herbeizwingen und vor allem nicht methodisch lehren oder gar vorschreiben kann. Man kann Menschen nur durch das eigene Beispiel dazu inspirieren, beide Dimensionen des Lebens zu entfalten, Glauben und Vernunft oder Vertrauen und Einsicht. Wie die beiden zusammenhängen ist Thema dieses Kapitels.

Fünf Fähigkeiten

»Vertrauen ohne Einsicht ist naiv.
Einsicht ohne Vertrauen ist kalt.
Wir brauchen beides: Einsicht und Vertrauen.«

Buddhistisch

Im Buddhismus gibt es eine beliebte Unterweisung, die den Zusammenhang von Vertrauen und Einsicht betont und Anregungen zu ihrer Entfaltung gibt. Da geht es um fünf *Fähigkeiten*, die allen Menschen zur Verfügung stehen und die durch gezieltes Üben, durch Interesse und Wertschätzung zu unerschütterlichen *Kräften* werden können. Die fünf Fähigkeiten sind Achtsamkeit, Energie, Sammlung, Vertrauen und Einsicht. Achtsamkeit erlaubt uns, die beiden Paare Energie und Sammlung (oder Konzentration) und Vertrauen und Einsicht zu erkennen und in eine angemessene Balance zu bringen.

Ich finde es sehr aufschlussreich, dass auch ein moderner Kommunikationsforscher betont, dass positive Qualitäten nie auf einer einzigen wunderbaren Fähigkeit beruhen, sondern auf der je spezifischen und dynamischen Balance zwischen *zwei* positiven Qualitäten. Sie schlagen um in ihr Gegenteil, wenn eine der beiden Fähigkeit fehlt (Schulz von Thun 2013). Genau die gleiche These stellt der Buddhismus in diesem Kontext auf.

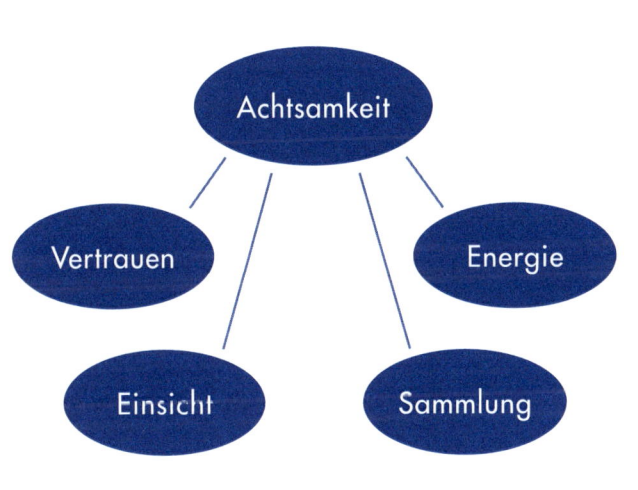

Achtsamkeit gilt als die Königin aller guten Fähigkeiten, denn sie ermöglicht uns, freundlich und aufmerksam Erfahrungen von Körper, Rede und Geist immer genauer zu bemerken und uns daran zu erinnern, was hilft und heilt, und zwar uns und andere. Wenn wir in der Lage sind, bestimmte Körperempfindungen, emotionale Reaktionen und Ansichten zu *bemerken*, können wir sie eine Weile beobachten und dann prüfen, ob sie heilsam oder förderlich sind oder nicht. Sind sie heilsam, können wir Bedingungen suchen und schaffen, die sie unterstützen, und wenn sie unheilsam sind, suchen oder schaffen wir Bedingungen, die sie verringern oder ganz stoppen. Das ist die allgemeine Empfehlung für alle Erfahrungen, die uns bewusst werden. Dazu zwei Beispiele. Erst wenn wir *bemerken*, dass wir auf eine Aussage oder ein Verhalten eines anderen Menschen mit Arroganz oder Minderwertigkeitsgefühlen reagieren, können wir *prüfen*, ob uns das wirklich hilft, mit der Situation gut umzugehen. Erst wenn wir *bemerken*, dass wir uns in einem Konflikt wie ein ohnmächtiges fünfjähriges Kind oder eine wütende Dreizehnjährige fühlen, können wir in den Erwachsenen-Modus umschalten und unsere Möglichkeiten realistisch einschätzen.

Sehr konstruktiv scheint mir der Ansatz, dass es bei diesen heilsamen Fähigkeiten nicht um isolierte

Glanzleistungen geht, die wir uns mühevoll an-
trainieren sollten, sondern um Möglichkeiten, die
bei *allen* Menschen prinzipiell vorhanden sind.
Und es geht, wie schon oben gesagt, um eine jeweils spezifische *Balance* zwischen zwei Fähigkeiten: Energie und Sammlung sind das eine Paar
und Vertrauen und Einsicht das zweite. Mithilfe
von Achtsamkeit können wir das Zusammenspiel
von jeweils zwei unterschiedlichen Fähigkeiten beobachten und sie ins Gleichgewicht bringen. Es
geht dabei nicht um eine einmal zu erreichende
statische Balance, sondern um eine dynamische
Homöostase, ein dynamisches Gleichgewicht, das
je nach Situation anders aussehen wird.

Achtsamkeit

- Achtsamkeit bedeutet bemerken, was geschieht, und
  erinnern, was heilt.
- Mit Achtsamkeit lernen wir, die vier Bereiche unserer
  Erfahrungen zu bemerken – Körperempfindungen,
  Grundgefühle und emotionale Reaktionen, Grund-
  stimmungen sowie Gedanken – und das Beste daraus
  zu machen, für uns und andere.

Energie und Sammlung

Ich gehe zunächst kurz auf den Ausgleich von Energie und Sammlung ein, denn auch deren Balance wirkt sich auf unser Vertrauen in allen Dimensionen aus, und dann auf Vertrauen und Einsicht. Wenn wir etwas tun wollen, brauchen wir sowohl Energie als auch Sammlung bzw. Konzentration oder Ausrichtung auf das, was wir tun wollen. Haben wir viel Energie und wenig Ausrichtung, Motivation oder Sammlung, sind wir zerstreut und eher unruhig. Haben wir wenig Energie und eine starke Ausrichtung, verlieren wir uns leicht in Details oder werden müde. Nur wenn Energie und Ausrichtung in einem angemessenen dynamischen Gleichgewicht sind, können wir mit Hingabe (Sammlung) und Ausdauer (Energie) unsere Aufgaben erledigen. Wenn die Energie nachlässt, können wir sie manchmal für einige Zeit wieder wecken durch eine starke Motivation. Und wenn unsere Motivation (Sammlung) schwächelt, kann uns manchmal die pure Freude am Tun (Energie) helfen, die Sache zu einem guten Ende zu bringen. Beide Fähigkeiten hängen zusammen.

Eine starke Ausrichtung (Sammlung) weckt Energie, und wenn wir uns relativ gesund und kraftvoll fühlen (Energie), können wir mehr tun, als wenn wir krank sind. Wir brauchen beides, Energie und

Sammlung. Als Quelle von Energie gilt die Freude am Tun, und als Bedingungen für Sammlung gelten eine klare Motivation bzw. klare Prioritäten. Freude am Tun und eine klare Motivation schenken uns Selbstvertrauen und eine unspezifische Zuversicht, die man auch als einen Aspekt tiefen Vertrauens ins Leben interpretieren kann.

Energie und Sammlung

- Mit etwas Sammlung können wir unsere Energie auf ein Anliegen ausrichten.
- Wir können uns leichter auf eine Sache konzentrieren, wenn sie uns am Herzen liegt.
- Je klarer unsere Motive sind, desto leichter können wir uns ausrichten.
- Energie entsteht durch Freude an dem, was wir tun.

Drei Arten des Lernens und drei Arten des Vertrauens

Auch Vertrauen und Einsicht sind zwei Fähigkeiten, die prinzipiell allen Menschen zur Verfügung stehen. Wir können sie gezielt fördern, indem wir Bedingungen suchen und schaffen, die sie stärken.

Ein Ansatz betont drei Arten des Lernens, die drei Arten des Vertrauens stärken. In aller Kürze hört sich das so an: Etwas *Neues* kennenlernen führt zu *kindlich*-naivem Vertrauen, gründliches Überprüfen anhand der eigenen Lebenserfahrung zu *vernünftigem* Vertrauen und das *Hinterfragen* aller Ansichten und Meinungen zu *unerschütterlichem* Vertrauen.

Inspiration und Begeisterung: Anfängergeist oder Sucht nach Neuem

»Und jedem Anfang wohnt ein Zauber inne,
der uns beschützt und der uns hilft zu leben.«
Hermann Hesse

Wenn wir ein neues Kochrezept, eine neue Methode, um Rückenschmerzen vorzubeugen, oder eine neue tolle Kollegin kennenlernen, von einem neuen psychotherapeutischen Ansatz hören oder uns ein neues i-Phone oder Tablet kaufen, sind wir vermutlich anfangs hellauf begeistert. Wenn wir mit Interesse und Neugier von etwas Neuem lesen oder neue Leute kennenlernen, erfasst uns oft kindlich-naives Vertrauen. Dieser Anfängergeist ist beglückend und lebensnotwendig, denn er öffnet uns für neue Dinge, Menschen, Abläufe usw. Wenn wir von etwas begeistert oder inspiriert sind, schenken wir dem Neuen eine Art Vorschussvertrauen, und das brauchen wir, um uns überhaupt auf etwas Neues einlassen zu können und es auszuprobieren.

Im Buddhismus gilt dieses »gläubige« oder »strebende« Vertrauen als wertvoll und unverzichtbar, aber auch als kindlich und naiv, da es noch nicht auf unserer eigenen Lebenserfahrung und auf eigener Einsicht beruht. Es kann uns, wenn es eine Weile anhält, aber dazu inspirieren, uns näher mit dem zu befassen, was uns inspiriert. Sind wir von Inspiration und Begeisterung erfüllt, fühlen wir uns lebendig und voller Energie, und diese Erfahrung tut so gut, dass wir leicht in eine Falle geraten. Wir werden dann neuerungssüchtig. Und genau das blockiert leider ein tieferes Einlassen auf eigene Erfahrungen, Menschen und Dingen und verhindert damit auch tiefes und tragfähiges Vertrauen in uns und andere und in die Welt.

Man könnte unsere Zeit als »süchtig nach Neuem« beschreiben. Ständig gibt es neue Geräte, Moden, Techniken, Methoden und Theorien, und das nicht deshalb, weil die kleinen grünen Männchen aus dem Weltall uns damit verführen, sondern weil *wir* nach Neuem verlangen. Wir leben immer in der Welt, die wir uns erträumen, auch wenn diese Träume manchmal eher Ausdruck von Desorientierung und Angst, von Wut und mangelnder Zuversicht sind und uns nicht das zeigen, was wir zu einem guten Leben wirklich brauchen.

ÜBUNG

Prioritäten klären

- Es lohnt sich, einmal zehn Dinge, Themen oder Anliegen aufzuschreiben, die Ihnen wirklich am Herzen liegen. Und dann zehn Dinge, Themen oder Anliegen, mit denen Sie sich in den letzten Tagen und Wochen überwiegend beschäftigt haben. Wenn die beiden Listen viele Übereinstimmungen aufweisen, sind Sie vermutlich ziemlich zufrieden mit Ihrem Leben.
- Haben sie wenig miteinander zu tun, entstehen vermutlich eher Unruhe und Druck oder auch Lustlosigkeit, Antriebsschwäche oder Langeweile.

Ausprobieren, selber denken und hinterfragen

»Kleiner Zweifel, kleine Erleuchtung.
Großer Zweifel, große Erleuchtung.«

Zen

Immer wieder einmal motiviert uns ein neuer Ansatz, eine neue Theorie oder Methode dazu, sie auszuprobieren. Alle buddhistischen Traditionen empfehlen, neue Thesen oder Meditationsmethoden anhand der eigenen Lebenserfahrung, mit Herz und Verstand zu prüfen, wie ein Goldschmied Gold prüft. Wir können diese Haltung auf alles Neue, das wir kennenlernen, übertragen.

Die Pubertät gilt als die Zeit, in der wir beginnen, vieles zu hinterfragen und selbständiger zu denken. Wir machen uns Gedanken über das Leben, denn die Kindheit liegt hinter uns, und wir müssen uns irgendwie entscheiden, wie wir leben wollen. Manche folgen nun einfach dem, was die Elterngeneration oder die Clique vorlebt. Dann übernehmen wir ungeprüft ihre Werte und leben schließlich »das Leben der anderen«. Wenn wir damit nicht in innere und äußere Konflikte geraten, sondern uns einigermaßen sicher und wohlfühlen, brauchen wir nichts anderes. Die Antworten unserer Zeit und Kultur, unserer Schicht und Umgebung passen dann für uns. Dann leben wir in kindlich-naivem Vertrauen auf die Welt, wie sie ist.

Das ist für viele Menschen heute nicht mehr möglich, weil traditionelle Lebensformen zusammengebrochen sind oder nicht mehr tragen. Daher gibt es viel Unsicherheit und Desorientierung, und der nächste Schritt bestünde nun darin, sein Leben selbst in die Hand zu nehmen und Verantwortung dafür zu übernehmen. Aber das ist nicht einfach, sondern für die meisten Menschen eine Zumutung, und so suchen sie Ersatz: Sie zerstreuen sich mit Konsum oder suchen Halt bei Ideologien, seien sie politisch oder religiös gefärbt. Doch manche Menschen suchen nach ihrem eigenen Weg. Wenn wir einmal auf den Geschmack des Selberdenkens gekommen sind, entdecken wir eine neue Welt.

Sich einlassen

Unsere Zeit bietet einerseits viele Möglichkeiten, alles zu überprüfen, denn Verstand und Vernunft sind das, was zählt. Und anderseits gibt es scheinbar unendlich viel mehr Möglichkeiten als früher, sich Berufsbilder zu erfinden und Lebensstile zu gestalten. Soziologie und Erziehungswissenschaften sprechen von »viel Exploration – wenig Commitment«. Wir können alles Mögliche ausprobieren, es fällt uns aber schwer, uns wirklich einzulassen: auf Beruf und Arbeitsstelle, auf Beziehungen, Wohnort, Lebensstil usw. Das ist für bestimmte Lebensphasen angemessen, aber stellt es auch wirklich zufrieden? Neoliberale Ökonomen meinen, das sei eben so in Zeiten der Globalisierung. Man müsse flexibel sein und dürfe nicht an Menschen, Umständen und Dingen hängen. *Tragendes Selbstvertrauen entfaltet sich aber nur, wenn wir uns auf Anliegen, Prozesse und Menschen einlassen. Nur dann, wenn wir etwas über eine längere Zeit tun, entdecken wir ein Gefühl von Stimmigkeit. Dann wissen wir mit Leib und Seele, wie etwas geht, wie man es macht und wie es sich anfühlt. Dieses Gefühl der Stimmigkeit ist ein zentrales Element von Selbstvertrauen.*

Wir brauchen Beziehungen und Begegnungen mit Kontinuität, damit Vertrauen wachsen kann. Vertraut sein mit Menschen und Dingen weckt Vertrauen, das ist auch die Botschaft des Fuchses in der Erzählung »Der kleine Prinz« von Antoine de Saint-Exupéry. Auch kurzfristige und punktuelle Begegnungen gehören zum Leben. Sie können uns anregen und inspirieren und kindlich-naives Vertrauen in das Andere und Fremde wecken. Aber das reicht nicht aus für ein gutes Leben. Im gemeinsamen Tun mit Menschen, die wir gut kennen und die uns gut kennen, und in Gesprächen mit vertrauten Menschen über wesentliche Dinge entstehen vernünftiges und tragendes Vertrauen, Selbstvertrauen und Vertrauen zu anderen. Ein Vertrauen, das nicht auf dem Strohfeuer des Neuheitseffekts beruht, sondern auf gemeinsamen Erfahrungen im Denken, Reden und Tun. Diese Art von Vertrauen basiert auf dem Leben, das wir miteinander teilen. Sei es in der Familie, im Freundeskreis oder in der Nachbarschaft, in Kirchengemeinde oder Meditationsgruppe und in anderen gesellschaftlichen Gruppen, mit denen wir ein wichtiges Anliegen teilen.

Abgrenzung und Arroganz

Wenn wir die Freude des Selberdenkens entdecken, fühlen wir uns berufen, *alles* zu hinterfragen. Niemand hat allerdings genug Lebenserfahrung, um alles überprüfen zu können. Wenn man das aber nicht bemerkt, kann man in eine tiefe Falle geraten. Man verwechselt dann die eigenen Ansichten mit der Wirklichkeit und grenzt sich ab gegen Leute, die anderer Meinung sind. Eine einfache Faustregel kann uns helfen, die Falle zu bemerken und uns am eigenen Schopf wieder herauszuziehen. Wenn unser Selberdenken dazu führt, dass wir uns anderen überlegen fühlen und uns gegen sie abgrenzen, sind wir in der Gefahrenzone. Wenn es uns schwerfällt, konstruktive Gespräche mit Menschen zu führen, die anders denken als wir, leben wir auf dünnem Eis.

Rechthaberei und Arroganz sind kein Beweis für die Richtigkeit unserer Ansichten, sondern eher ein Indiz für große Unsicherheit, mangelndes Selbstwertgefühl und – wenig Vertrauen in allen Dimensionen. Es braucht viel Selbstvertrauen und Vertrauen in die Lebenserfahrung von anderen, damit wir bereit sind, die eigenen Ansichten im offenen Gespräch mit vertrauten Menschen, die anders denken, zu vertreten und auch hinterfragen zu lassen. Die Chancen, die eigenen Meinungen wirklich zu überprüfen, steigen beträchtlich, wenn wir uns wohlfühlen mit den Menschen, mit denen wir über unsere Anliegen reden. Das Prinzip der runden Tische – bedingungslose Gespräche über schwierige Themen – funktioniert dann, wenn Menschen, die sich zusammensetzen, sich gegenseitig achten und wirklich an anderen Perspektiven interessiert sind. Wenn sie bereit sind, »Besuche im Denken anderer« (Kant) zu machen.

Wenn wir uns ernsthaft mit Menschen und Dingen

befassen, die uns inspirieren und interessieren, sind wir auch bereit, uns darauf tiefer einzulassen. Dann entsteht Selbstvertrauen: das Vertrauen, dass wir unser Leben gestalten und etwas bewirken können.

Vernünftiges Vertrauen

- Wenn wir selbständig Dinge ausprobieren, gemeinsam etwas tun mit Menschen, die wir und die uns gut kennen, und immer wieder mit vertrauten Menschen über wesentliche Dinge sprechen, entsteht vernünftiges und tragendes Vertrauen zu uns und anderen.

Angst, Abgrenzung und die Suche nach Sündenböcken

Aggressive und abgrenzende Missionierung für den eigenen Weg ist kein Ausdruck von Zuversicht und Stärke, aber auch nicht primär für einen Rückfall in alte Sitten, sondern eher ein Zeichen *moderner* Desorientierung, die dann mit Rechthaberei und Ideologie kompensiert wird. Fundamentalismen aller Art sind in meinen Augen daher kein

Rückfall in *vormoderne* Zeiten, denn wir können nicht wirklich zurückkehren zu alten Sitten und Bräuchen, so wie auch Erwachsene nicht wieder zu Kindern werden können. Das idealisierte Paradies der Kindheit ist vorbei, wenn man erwachsen ist. Die Aufklärung in Europa hat stattgefunden, und dahinter können wir nicht mehr zurück. Fundamentalistische Ideologien sind für mich ein hilfloser Versuch, der Desorientierung der Moderne dadurch zu entkommen, dass man enttäuscht und wütend an einer engen Interpretation vom richtigen Leben festhält, an einem idealisierten Bild einer fernen Vergangenheit, die es so nie gegeben hat (Armstrong 2006).

Sieben Schritte zu unerschütterlichem Vertrauen

»Du musst das Leben nicht verstehen,
dann wird es werden wie ein Fest.«
Rainer Maria Rilke

Wir können nicht nur von Menschen, die wir persönlich kennen, sondern auch aus der Geschichte der Menschheit lernen, wie man in Krisenzeiten Mut fassen und neue Zuversicht entdecken kann.

Die Kulturgeschichte beschreibt einige große Menschen, die im ersten Jahrtausend vor der Zeitenwende in vier unterschiedlichen Kulturkreisen – China, Indien, Palästina, Griechenland – neue Wege gegangen sind. Dazu gehören Konfuzius und Buddha und griechische Philosophen und biblische Propheten. Sie lebten in einer Umbruchzeit und haben in schweren Zeiten, in der alte Gewissheiten zusammenbrachen, zu neuem Vertrauen gefunden. Möglicherweise haben sie dieses Vertrauen nicht *trotz* dieser schweren Zeiten gefunden, sondern sie *mussten* neue Wege finden, weil die alten Antworten in diesen Zeiten nicht mehr getragen haben. Gerade *weil* diese Menschen in schwierigen Umbruchzeiten lebten, haben sie offensichtlich einige Zeitgenossen so inspiriert, dass ihre Botschaft nie wieder vergessen wurde. In dieser »Achsenzeit« (Jaspers 1971) gab es plötzlich *individuelle menschliche* Vorbilder, die auf neue Art Verantwortung für ihr Leben übernahmen und neue Wege suchten und fanden. Mir scheint, dass wir auch heute noch von ihren Erfahrungen lernen können, wie man in schweren Zeiten, wenn die Welt aus den Fugen zu geraten scheint, nicht verzweifeln, sondern den je eigenen Weg zu einem unerschütterlichen Vertrauen ins Leben wiederfinden kann.

Wenn ich mein eigenes Leben betrachte und das vieler Menschen, die ich gut kenne oder in deren Texte ich gerne lese, dann scheint unser moderner Weg zu tiefem Vertrauen ins Leben den Erfahrungen der Menschen in der Achsenzeit zu entsprechen. Vielleicht leben wir heute in einer neuen Achsenzeit, in der sehr viele Menschen neue und eigene Wege finden *wollen* und *müssen*. Anfang zwanzig habe ich an Gott und der Welt gezweifelt, weil die Antworten meiner Eltern und Lehrer, meiner Freundinnen und Zeitgenossen nicht mehr für mich passten. Ich habe dann lange auf eigene Faust nach einem Weg gesucht, auch wenn mich alte Freunde und meine Familie nicht verstehen konnten, da ich doch alles hatte, was man zu einem guten Leben braucht: einen interessanten Beruf, genug Geld, eine schöne Wohnung, eine Beziehung und gute Freundinnen und Freunde. Ich litt unter meiner Unzufriedenheit, doch weder mein relativer Wohlstand noch psychologische oder politische Theorien und nicht einmal Bach und Rilke genügten mir.

Durch meine Begegnung mit dem Buddhismus 1977 entdeckte ich Ende zwanzig, dass mir nicht kluge Lehren und Wissen gefehlt hatten, sondern der *persönliche* Zugang zur spirituellen Dimension. *Ich begriff nach und nach, dass mir keine objektive Wahrheit Sicherheit geben kann, sondern nur das eigene Gefühl von Stimmigkeit. Und – das war das Schwerste – ich begriff, dass kein Erfolg in der Welt und keine einzige schöne Erfahrung meine Sehnsucht stillen konnten, sondern nur tiefer Seelenfrieden. Ein Frieden, der entsteht, wenn ich alle meine Erfahrungen, angenehme und unangenehme, freundlich und aufmerksam wahrnehmen und annehmen kann. Wie das genau geht, versteht niemand. Ich entdeckte damals und seither immer wieder neu, dass ich mein Leben in all seinen vielen Dimensionen nur annehmen und schätzen kann, wenn ich den Anspruch fallen lasse, es völlig verstehen zu können.* Ich spüre seit dieser Zeit ein Ja zum Leben, das ich niemandem erklären kann, und mein Mitgefühl für Menschen, die am Leben zweifeln und verzweifeln, wird stärker. Ich spüre das Ja zum Leben inmitten von Leid, aber auch in vielen Werken der Kunst und der Religion. Ähnliche Erfahrungen haben viele Menschen gemacht, und ich bin ihnen sehr dankbar, dass sie ihre Erfahrungen mit mir teilen. Einige von ihnen kenne ich persönlich, andere durch ihre Werke. In Anlehnung an Karen Armstrong (2006) fasse ich den Weg zu unerschütterlichem Vertrauen in sieben Schritten zusammen.

Sieben Schritte zu tiefem Vertrauen

1. Existenzielles Fragen.

2. Individualisierung bzw. Individuation.

3. Vertieftes Spüren des eigenen Leids und als Folge umfassendes Mitgefühl.

4. Die Verinnerlichung des spirituellen Weges.

5. Ein neues Verständnis von Wahrheit.

6. Seelenfrieden als Ziel.

7. Überschreiten des Denkens und der Zugang zum Nichtbedingten.

Existenzielle Fragen, Individualisierung und Mitgefühl

Erstens: Nach diesem Modell steht am Anfang eines modernen unerschütterlichen Vertrauens eine große Not. Es ist nicht leicht, die eigenen Ansichten und Haltungen zum Leben zu hinterfragen, und das tut niemand freiwillig. Das tun wir nur, wenn die kollektiven Antworten unserer Kultur nicht mehr greifen, uns nicht mehr zufriedenstellen.

Zweitens: Wenn wir unsere Ansichten ernsthaft und gründlich hinterfragen, machen wir die ersten Schritte auf dem Weg der Individuation, d.h. wir übernehmen Verantwortung für unser Leben, ohne genau zu wissen, wohin uns das führen wird.

Drittens: Wenn uns kollektive Erklärungen für unser Leiden an der Unbeständigkeit und Ungewissheit nicht mehr beruhigen und trösten können, sind wir unserem Leiden stärker ausgeliefert. Und erst wenn wir unser eigenes Leiden deutlich spüren, ohne es erklären und rechtfertigen zu können, geht uns eine tiefe Wahrheit auf. Dass nämlich die anderen genauso leiden wie wir. Auch die Menschen, die nicht zu unserer Familie, Sippe, Gruppe, Partei, Religion usw. gehören. Universelles Mitgefühl kann erst dann entstehen, wenn wir uns unserem eigenen Leiden offen und ehrlich stellen.

Verinnerlichung und Wahrheit, Seelenfrieden und die Grenzen des Denkens

Viertens: Wenn wir einmal tief erlebt haben, dass uns kollektive Welterklärungen nicht mehr tragen, hört das naive Vertrauen in das, was uns andere erzählen, auf. In einem spirituellen Kontext geht es dann nicht mehr um Vertrauen in äußere Lehren, Priester und Rituale, sondern darum, die Wirkung religiöser Übungen in und an uns *selbst* zu erleben. Das kann man auch die *Verinnerlichung* der Religion nennen. Übertragen auf politische Ansichten, Weltanschauungen und Lebensphilosophien geht es dann darum, die für gut geheißenen gepredigten Werte so zu verinnerlichen, dass wir sie in unserem Alltag ausdrücken können und uns durch sie getragen fühlen.

Fünftens: Mit dieser Verinnerlichung einher geht ein neues Verständnis von Wahrheit. Nämlich die Einsicht, dass es keine objektive und fassbare Wahrheit für alle gibt, die man in Worten mitteilen könnte, sondern dass alle Worte und auch alle fassbaren Bilder und Metaphern nur auf eine Dimension hindeuten können, die jenseits von Worten ist. Damit ist keine unsichtbare Ander- oder Hinterwelt gemeint und auch kein Jenseits, in dem fassbare Götter in einem fassbaren Paradies sitzen und uns abholen, wenn wir gestorben sind. Sondern die tiefe Erkenntnis, dass Wahrheit größer ist als der Verstand.

Sechstens: Das neue Ziel ist ein Leben mit Seelenfrieden. Es geht dann nicht um ein *anderes* Leben in einer anderen Welt mit anderen Gesetzen, sondern um ein Leben in *dieser* Welt mit all ihren Unvollkommenheiten. Dazu gehören Leid und Schmerz, die Erfahrung von Unbeständigkeit und

Unkontrollierbarkeit, Enttäuschungen über uns und andere usw. Diesen Seelenfrieden können wir nicht erreichen, solange wir glauben, wir könnten das Leben in all seiner Komplexität jemals völlig verstehen und mit Techniken und Maschinen, mit politischen Programmen und Meditationsmethoden manipulieren.

Siebtens: Wir finden diesen Seelenfrieden oder dieses unerschütterliche Vertrauen ins Leben erst dann, wenn wir die Grenzen unseres Denkens, von Verstand und Vernunft und unseres tiefen Glaubens, dass wir unser Leben völlig kontrollieren könnten, entdecken und – gleichzeitig mit Leib und Seele begreifen, dass das Leben unendlich viel mehr ist, als unsere Schulweisheit sich träumen lässt.

Die große Zumutung: Zweifel und qualifiziertes Nichtwissen

Diesem unfassbaren, nie völlig begreifbaren Leben können wir vertrauen, denn es hat uns offensichtlich bis heute getragen, auch wenn wir nicht verstehen, wie das geschieht. Wir dachten vielleicht, wir wüssten, wie man richtig lebt, aber jetzt erkennen wir mit Leib und Seele, dass wir nur einen Bruchteil verstehen. Die buddhistische Tradition nennt das Weisheit, man kann es auch qualifiziertes Nichtwissen nennen. »Du musst das Leben nicht verstehen, dann wird es werden wie ein Fest …«, singt Rilke, und der Vers begleitet mich seit Mitte zwanzig. Menschen wie Rilke stärken mein Vertrauen ins Leben, denn ich weiß, er hat viel gelitten und viel gezweifelt und ist doch nicht untergegangen, denn – er hatte unerschütterliches Vertrauen und auch noch die Gabe, das in unsterbliche Verse zu fassen.

Der hier beschriebene Weg zu einem postmodernen Vertrauen ist nicht leicht. Er ist eine Zumutung für jeden vernünftig denkenden Menschen. Schon der Weg der Aufklärung mit ihrem Vertrauen auf die Macht des Verstandes und der Vernunft und der Forderung, auf sich selbst zu vertrauen, war und ist eine Zumutung. Aber er ist möglich. Und er scheint heute leichter als vor fünfhundert oder tausend Jahren, als noch viel mehr Menschen in traditionellen Zusammenhängen lebten. Damals war es vermutlich unendlich viel schwerer, aus einem überlieferten Lebensstil auszusteigen, wenn er nicht mehr zu den eigenen Erfahrungen passte.

Ein weiterer Vorteil unserer Zeit liegt darin, dass wir heute Zugang zu unterschiedlichen Wegen haben, da wir im Prinzip die Lehren aller Weltreligionen und großen Philosophen in handlichen Büchern und auf Deutsch lesen und ausprobieren können. In einer Stadt wie Berlin kann man z. B. fast alle buddhistischen Traditionen, die in den letzten zweieinhalb Jahrtausenden entstanden sind, kennenlernen und natürlich auch die katholische Kirche und fast alle Varianten des protestantischen Christentums, jüdische Zentren, Sufi-Orden, indische Gruppen, die Humanistische Union usw. Es gibt in vielen deutschen Städten Menschen, die einen oder mehrere Wege lange genug selbst gegangen sind, im engen Kontakt mit einer lebendigen Tradition, dass sie andere auf ihrem Weg begleiten können.

Auch wenn wir unser Vertrauen ins Leben verloren haben, können wir es wiederfinden. Wir brauchen dazu Vertrauen zu Menschen und Lehren, die uns inspirieren, ein gewisses Maß an Selbstvertrauen, damit wir den Mut haben, neue Wege auszuprobieren und am eigenen Leib als hilfreich und stärkend zu erleben. Und schließlich brauchen wir den Mut, unsere Ansichten und Meinungen zu überprüfen und zu hinterfragen, um schließlich ein unerschütterliches Vertrauen zu finden, das nicht auf schönen Gefühlen und klugen Theorien beruht, sondern uns trägt, was auch geschieht. Das kann man Gottvertrauen oder Vertrauen auf das, was größer ist, nennen oder schlicht Vertrauen ins Leben. Im nächsten Kapitel geht es um weitere Bedingungen, die zu einem immer tieferen Vertrauen ins Leben beitragen können. Drei unserer zentralen Ressourcen möchte ich besonders betonen: Freude, Beziehung und Sinn.

Bedingungsloses Vertrauen ins Leben

- Leben ist unendlich viel mehr, als unsere Schulweisheit sich träumen lässt.
- Wir können dem Leben vertrauen, das wir nie völlig verstehen können.
- Dieses bedingungslose Vertrauen nennt die buddhistische Tradition Weisheit.
- Man kann es auch qualifiziertes Nichtwissen nennen.

3

Bedingungen für Vertrauen: Freude, Beziehung und Sinn

Wir brauchen Vertrauen ins Leben, damit wir Misserfolge und Enttäuschungen, Krisen und Umbruchzeiten verarbeiten können. Medizin, Psychotherapie und Sozialarbeit haben lange vor allem auf das geachtet, was *nicht funktioniert*, schief geht und Leid verursacht. Die moderne Resilienzforschung untersucht nun vor allem die *Bedingungen, die uns helfen*, schwierige Erfahrungen zu verarbeiten, ohne daran zu zerbrechen oder zu verzweifeln, und dazu gehört auch die Fähigkeit, sich mit einer Situation, für die es keine Lösung gibt, abzufinden. Der Begriff ist abgeleitet von lat. *resilio*, *resiliare*, zurückspringen oder abprallen, und weist darauf hin, dass wir mithilfe dieser Resilienzfaktoren auch nach sehr schwierigen Erfahrungen Körperspannungen, Emotionen und

Gedanken regulieren und wieder in einen Zustand relativen Gleichgewichts gelangen *können* (Wetzel 2014, Reddemann 2006).

Ich habe eine kleine Übung entwickelt, die ich »Sternstunden« nenne, auch wenn es eher um kurze Momente des Wohlbefindens geht. Sie hilft uns, kleine Momente am Tag zu entdecken, in denen wir uns wohlfühlen, und sei es nur kurz.

Sternstunden

- Nehmen Sie sich ein paar Minuten Zeit und denken Sie an eine kleine Situation aus den letzten Tagen, in der Sie sich wohlgefühlt haben, und sei es nur für ein paar Sekunden oder Minuten.
- Erinnern so viele Einzelheiten, wie Sie brauchen, um das Gefühl des Wohlbefindens ein wenig zu spüren.
- Dann fragen Sie sich, welche Bedingungen mitgespielt haben:
- Waren Sie drinnen oder draußen, in der Natur?
- Allein oder mit anderen zusammen?
- In Ruhe oder in Bewegung?
- Welche Sinne standen im Vordergrund?
- Sehen, Hören, Riechen, Schmecken oder Spüren?
- Ging es vor allem um die Freuden der Sinne?

- Spielte Zuneigung zu Menschen eine Rolle?
- Haben Sie gerade selbstvergessen etwas getan?
- Ging Ihnen ein Licht auf?
- Konnten Sie eine Erfahrung plötzlich in einem größeren Kontext sehen?
- Schließlich fragen Sie sich, was Sie in den nächsten Tagen tun oder lassen können, um solche Momente zu fördern oder weniger zu blockieren.

Mit dieser Übung können wir uns leicht entspannen und immer mehr Zuversicht und Offenheit entdecken.

....

Es gibt viele, auch sehr individuelle Resilienzfaktoren, und drei Gruppen von Ressourcen oder Resilienzfaktoren möchte in hier genauer vorstellen, da sie viel mit den drei Dimensionen von Vertrauen zu tun haben: *Freude, Beziehung und Sinn*. Die Fähigkeit, sich an Sinneserfahrungen, Gefühlen und Gedanken, an Beziehungen und an der Natur *erfreuen* zu können, ist zentraler Bestandteil von Zuversicht und *Selbstvertrauen*. Tragfähige *Beziehungen* mit Kontinuität sind Ausdruck von Vertrauen *in andere*, und sie wecken und fördern dieses Vertrauen immer und immer wieder. Und wir können das, was wir erleben und tun, nur dann *sinnvoll* finden, wenn wir ein gewisses Maß an Vertrauen *ins Leben* haben. Niemand kann ernsthaft behaupten, dass wir das, was wir tun und erleben, jemals völlig verstehen oder die Folgen unseres Handelns im Voraus genau erkennen könnten. Wir können sie nur ahnen und abschätzen, aber nie voraussagen, denn Leben ist sehr komplex und unsere Lebenserfahrung und unser Verstand sind und bleiben begrenzt.

Freude als Weg: Mit allen Sinnen leben

»Es gibt keinen Weg zum Glück.
Glück ist der Weg.«

Buddhistisch

Vor lauter Denken und Planen vergessen wir manchmal, dass wir einen Körper »haben«. Und wir reagieren eher auf Gedanken und Ansprüche, die uns antreiben, als auf körperliche Signale, die uns sagen, dass wir müde sind und eine Pause brauchen oder ein bisschen Bewegung, etwas zu trinken oder zu essen. Wir stopfen uns voll mit Informationen und Ansprüchen, mit Kaffee, Tee und ungesundem Essen, obwohl der Körper schon lange »Stopp« schreit. Das hat mit einer gewissen Leibfeindlichkeit zu tun. Schon die modernen Begriffe Körper und Geist suggerieren eine Trennung, die es in Wirklichkeit gar nicht gibt. Der Zen-Lehrer Graf Dürckheim sprach vom »Körper, den man hat« und vom »Leib, der man ist« (Dürckheim 1959). Die alten Begriffe »Leib und Seele« weisen noch auf die untrennbare Einheit von leiblichem und seelischem Spüren und Erleben, Imaginieren und Denken hin.

Ich gehe davon aus, dass Freude am Leben sehr viel damit zu tun hat, dass wir uns ganz spüren können, mit Leib und Seele. Eine grundlegende buddhistische Übung lehrt uns, wach und entspannt den ganzen Körper, besser Leib, zu spüren. Im buddhistischen Neudeutsch nennt man das »Body-Scan«. Schon allein das Spüren von Anspannung kann sie lockern. Wenn wir diese Übung aber als saure Pflicht begreifen und uns dabei zu sehr anstrengen, verstärken wir eher noch eine gewisse herrische Haltung dem Körper gegenüber.

ÜBUNG

Den Körper spüren

- Nehmen Sie sich zehn bis dreißig Minuten Zeit und spüren den ganzen Körper. Von oben nach unten oder von unten nach oben. Nehmen Sie einfach die Körperempfindungen freundlich zur Kenntnis: Prickeln, Wärme, Pulsieren, Spannung usw.

Variante: Sie können auch ab und zu untertags für einige Minuten einen bestimmten Bereich spüren: Kopf, Schultern, Becken, Füße, Hände, Herzbereich usw.

....

Ein einfacher und allen zugänglicher Weg ist Freude, und daher können wir »Freude als Weg« nehmen. Wir alle kennen unterschiedliche Arten der Freude: Sinnesfreuden, ein offenes Herz, Sammlung und Einsicht (Ayya Khema 1997). Sinnesfreuden und die Fähigkeit zur Sammlung stärken unser Selbstvertrauen, ein offenes Herz erleichtert Beziehungen und damit das Vertrauen in andere, und tiefes Verstehen fördert unser Vertrauen ins Leben.

Wir können gezielt Bedingungen suchen und auch schaffen, die Momente des Wohlbefindens fördern. Innehalten ist der Schlüssel, denn es holt uns aus unserem eingefahrenen Trott des Planens, Müssens und Denkens heraus und lässt uns für Momente staunen. Ich möchte das kurz anhand unterschiedlicher Arten des Glücks – Sinnesfreuden, ein offenes Herz, Sammlung und Einsicht – erläutern, denn wir erleben sie jeden Tag, und wenn wir darauf achten, schätzen und genießen wir sie mehr, und auch das stärkt unser Vertrauen ins Leben.

Sinnesfreuden

Wir können einen Augenblick auf den Gesang eines Vogels hören oder auf das Rauschen der Bäume. In einem buddhistischen Zentrum gibt es ein Kopiergerät, das wunderschön rhythmisch rauscht und mich zu einem kleinen Tänzchen animiert. Ich genieße das Ram-ta-tam-ta-ram-ta-tamta dieses Geräts jedes Mal, und selbst jetzt, wenn ich mich daran erinnere, muss ich lächeln. Wir können uns vornehmen, ab und zu für einige Momente auf einen der fünf Sinne zu achten. *Manchmal wird empfohlen, »achtsam« zu gehen, zu essen oder zu trinken, aber oft finde ich diesen Ansatz zu streng. Ich denke dann: »Schon wieder soll ich etwas tun. Nein. Keine Lust.« Wenn ich mir aber sage: »Genieße die nächsten Schritte oder den Schluck Tee«, bin ich gerne achtsam, und zwar ganz ohne Druck.*
Freude hat schon per se viel mit Sammlung zu tun, mit der Ausrichtung auf das, was wir gerade tun. Freude am Tun geschieht von ganz alleine, wenn wir uns dem Tun – hören, riechen, schmecken, spüren, sehen – für einen Moment ganz hingeben.

Freude entsteht durch die Ausrichtung auf das, was wir tun. Sie entsteht, wenn wir mit dem Herzen ganz bei der Sache sind. Das ist eine Umschreibung für Sammlung. Das war schon Thema im vorigen Kapitel, in dem die fünf Fähigkeiten vorgestellt wurden.

Mein tibetischer Lehrer Lama Thubten Yeshe riet uns Ende der 1970er-Jahre, die Übung zu wählen, die wir gerne machen, denn dann ist die Chance am größten, dass wir tatsächlich üben. Und er sagte, Meditation solle sein wie das Anziehen der Hausschuhe. Wenn wir unsere Straßenschuhe ausziehen, sind die Füße noch nicht völlig entspannt, aber wir spüren und wissen schon, wenn wir in die Hausschuhe schlüpfen, dass wir jetzt entspannen können. Mit dieser Haltung fällt es uns leicht, das zu üben, was wir gerne tun: den Atem spüren, den ganzen Körper Stück für Stück spüren, uns auf ein inneres Bild ausrichten, unser Lieblingsmantra singen. Und zwar immer und immer wieder. Auch die Vertrautheit mit einer Übung weckt Vertrauen; zu uns, weil wir wissen, wie sie geht, zum Üben selbst und zu den Menschen, die sie uns beigebracht haben.

Freude am Tun

- Sie entsteht, wenn wir einen einfachen Ablauf genießen: Tee trinken, gehen, hören …
- Wenn wir etwas tun, das wir gerne tun. Wenn wir mit dem Herzen bei der Sache sind.

ÜBUNGEN

Zwei einfache körperliche Übungen möchte ich hier vorstellen, die wir untertags immer wieder für einige Minuten machen können, wenn wir müde oder unruhig sind. Sie brauchen keine Vorkenntnisse, machen Spaß, bauen Spannungen ab und geben uns Energie. Sie sind unkompliziert, wir spüren ihre positive Wirkung schnell, und daher ist die Chance groß, dass wir sie regelmäßig machen, vielleicht auch mal mit anderen zusammen (Henderson 2010).

Mit den Armen schwingen

- Stellen Sie die Füße etwa schulterbreit, lockern die Knie und schwingen fünf bis zehn Minuten mit den Armen vor und zurück. Das tut gut, wenn Sie viel im Sitzen arbeiten, und »bringt verbrauchte Energie sofort zurück«, auch ohne etwas essen zu müssen. Die Übung stammt aus dem Qi Gong und hat sich über Jahrhunderte (!) als wirksam erwiesen. Brechen Sie die Übung am Ende nicht abrupt ab, sondern lassen Sie die Bewegungen langsamer werden, bis Sie zum Stehen kommen. Am Ende der Übung bleiben Sie ein paar Momente still stehen, ohne sich etwas Bestimmtes vorzunehmen.

Den ganzen Körper schütteln

• Stellen Sie die Füße etwa schulterbreit, lockern Sie die Knie und schütteln Sie den ganzen Körper leicht, sodass alle Glieder und alle Organe in ein sanftes Schwingen geraten. Brechen Sie die Übung am Ende nicht abrupt ab, sondern lassen Sie die Bewegungen langsamer werden, bis Sie zum Stehen kommen.
Am Ende der Übung wieder ein paar Momente still stehen, ohne sich etwas Bestimmtes vorzunehmen.

....

Beziehungen und Einsicht

Nicht nur die Sinne schenken uns Freude, sondern auch ein offenes Herz. Wir erleben das, wenn wir mit Menschen beisammen sind, die wir kennen und schätzen. Wenn wir mit anderen Menschen zusammen etwas tun, was wir gerne tun – im Garten arbeiten, singen, tanzen, studieren, meditieren, über wesentliche Dinge sprechen –, öffnet sich unser Herz von ganz allein. Immer wieder. Kein Buch und kein Computerspiel, kein Film und keine Fernsehsendung können uns die Freude schenken, die das Beisammensein mit vertrauten Menschen in uns weckt.

Schließlich machen Verstehen und Lernen auch Spaß, sonst würde niemand etwas Neues lernen wollen. Es geht beim Verstehen und Lernen nicht nur darum, bestimmte Erklärungen nachzuvollziehen oder Techniken kennenzulernen, die uns den Alltag erleichtern. Verstehen bedeutet, wir können unsere Erfahrungen in einen größeren Zusammenhang einordnen, und das macht selbst schon Freude. Sogar eine unangenehme Erfahrung verändert sich, wenn wir verstehen wollen, was genau uns da wehtut, verletzt oder ärgert. Solange wir nur auf die unangenehmen Gefühle achten, fühlen wir uns unwohl. Wenn wir herausfinden wollen, was genau da passiert ist, verringert sich das unangenehme Gefühl. Interesse wird per se von angenehmen Gefühlen begleitet, und daher kann lernen unendlich viel Freude bereiten. Ich habe bis hierher Beziehungen und Einsicht unter dem Aspekt der

Freude besprochen. Nun möchte ich noch auf weitere wunderbare Auswirkungen dieser beiden zentralen Ressourcen eingehen.

Beziehungen: Mit mir und anderen leben

»Ich werde am Du.
Alles wirkliche Leben ist Begegnung.«

Martin Buber

Warum sind Beziehungen so wichtig? Weil sie *die* Grundlage dafür sind, dass wir überhaupt Menschen werden und uns zu einzigartigen Individuen entwickeln können. Es ist nicht so, dass sich fix-und-fertige Individuen irgendwann plötzlich und zwar freiwillig zum Zusammenleben mit anderen entschließen. Das gilt vielleicht für Erwachsene, die sich in Beruf, Gesellschaft oder Politik für ein gemeinsames Anliegen zusammentun. Ich glaube, dass wir nur im Kontext stabiler Gruppen selbst-verantwortliche Individuen werden können. Nur dann, wenn wir uns in und von einem Netz viel-fältiger Beziehungen getragen fühlen.

Martin Buber singt in seinem Prosagedicht, in dem poetischen Essay »Ich und Du«, ein Loblied auf

Beziehungen. Er geht davon aus, das wir uns nur in der Begegnung mit einem Du als Ich empfinden lernen: »Ich werde am Du. Alles wirkliche Leben ist Begegnung« (Buber 1917). Die Entwicklungspsychologie gibt Buber recht. Wir können nur selbständig werden, wenn wir uns mit anderen Menschen einigermaßen sicher fühlen. D. h. wir können nur dann Selbstvertrauen entwickeln, wenn wir anderen vertrauen können. Schon für sein Überleben braucht ein Säugling die enge Betreuung und Begleitung durch andere, und nur so wird er überhaupt lebensfähig. Säuglinge müssen gestillt und umsorgt, angesprochen und angeschaut werden, und auch Kinder, die schon laufen und sprechen können, brauchen das. Und es dauert auch in nicht-europäischen Kulturen und in den Slums großer Städte noch ein paar Jahre, bis Kinder sich um sich kümmern und ihren Lebensunterhalt selbst bestreiten können.

Wir Menschen sind beides, soziale Wesen und Individuen. Wir sind darauf angewiesen und darauf angelegt, mit anderen Menschen zusammen zu leben, zu feiern und zu arbeiten, biologisch und kulturell, um aneinander und miteinander zu reifen und zu wachsen. Man könnte sagen, wir brauchen Menschen wie die Luft zum Atmen, damit wir ganz Mensch werden können. Unser Bedürfnis nach

Kontakt ist allerdings unterschiedlich, aber auch Einzelgänger und introvertierte Menschen brauchen andere Menschen. Eremiten hat es in allen Kulturen gegeben, meist allerdings nur für eine bestimmte Zeit. Und auch tibetische Einsiedler hatten in der Regel gute Kontakte zum eigenen Lehrer, zu Mit-Eremiten in der Nähe und – zu einem Dorf oder zu einer Nomadengruppe, die sie mit dem Lebensnotwendigen versorgten und dafür spirituelle Unterweisungen erhielten. Auch die Wüstenväter und -mütter der christlichen Tradition zogen sich meist erst als reife Erwachsene in die Einsamkeit zurück und hielten Kontakt mit anderen Eremiten und mit Lehrern und einigen Schülern.

Ich und Du

- Menschen sind beides, soziale Wesen und Individuen.
- Selbst Einsiedler und introvertierte Menschen brauchen andere Menschen, zu denen sie sich zugehörig fühlen.

Dazugehören

Eine These aus der heutigen Soziologie geht davon aus, dass wir uns nach einem Umzug in eine andere Stadt dann am neuen Ort zu Hause fühlen, wenn wir etwa dreißig Personen kennen, und zwar gut genug, dass wir sie und sie uns wiedererkennen. Das können Nachbarn sein und Arbeitskolleginnen, die Verkäuferin im Supermarkt und der Kassierer an der Tankstelle, der Postbote oder die Kindergärtnerin.

Ich habe das vor vielen Jahren gelesen, als ich nach einem Umzug schon etwa ein Jahr in Frankfurt am Main lebte. Ich habe meine Bekannten sofort nachgezählt, und für mich stimmt die These. Sehr aufschlussreich finde ich, dass das in etwa die Größe einer steinzeitlichen Sippe ist, die man auf fünfundzwanzig bis dreißig Mitglieder schätzt.

Es leuchtet ein, dass die viele Hunderttausend Jahre lange Erfahrung des Lebens in kleinen Sippen unser Sozialverhalten auch heute noch prägt, und, wie wir wissen, orientiert sich auch unser Essverhalten wider besseres Wissen immer noch nach den Steinzeit-Faustregeln: fett, süß, viel. So »denkt« unser Stammhirn, denn es könnte ja sein, dass wir morgen und die nächsten Tage nichts zu essen finden. Und unser biologisches System

»weiß« irgendwie, dass wir an die dreißig Leute brauchen, um uns irgendwo zu Hause zu fühlen.

Die heutige Zeit betont unsere individuelle *Freiheit* viel mehr als die Notwendigkeit von Zugehörigkeit und *Geborgenheit*. Das hat uns zwar von vielen Zwängen befreit und dadurch mehr Selbstständigkeit geschenkt, aber auch einsam gemacht. Vermutlich finden wir den Mittelweg der für uns jeweils passenden und dynamischen Balance zwischen Freiheit und Geborgenheit ohne zu viele Zwänge und ohne lähmende Einsamkeit nur dadurch, dass wir die Extreme ausloten. Dafür gibt es genügend Vorbilder. Einige ermutigen uns, und andere zeigen uns, was wir nicht wollen. Einige Menschen schließen sich politischen oder religiösen Gruppen oder Sekten an, andere probieren das Leben in einer alternativen Gemeinschaft auf dem Land oder in einem Mehrgenerationenprojekt in der Stadt aus und wieder andere zelebrieren ihre Einsamkeit und versinken in Nihilismus und in politischem oder individuellem Weltschmerz.

Soziale Faustregeln

- Wir brauchen etwa fünfundzwanzig bis dreißig Menschen, die uns kennen und die wir kennen, damit wir uns an einem Ort zu Hause fühlen.
- Wir finden den für uns geeigneten Mittelweg zwischen Individualität und Bezogenheit auf andere nur durch das Ausloten der Extreme von Einsamkeit und Gruppenzwang.

Zuversicht und Beziehungen, Angst und Entfremdung

In der heutigen Zeit braucht man andere kaum noch zum unmittelbaren Überleben. Wir können ohne eine nahe Beziehung alleine in einer Ein- oder Fünfzimmerwohnung leben, unser Geld zu Hause am PC verdienen, im Internet surfen und uns alles, was wir brauchen, ins Haus liefern lassen. Dann sehen wir vielleicht noch ab und zu den Pizzaboten oder die Briefträgerin und ein paar Leute, wenn wir joggen oder in einem Restaurant essen. Wir brauchen keine Beziehungen mehr, um rein biologisch zu überleben, aber immer mehr Menschen stellen erschüttert fest, dass ihnen etwas Entscheidendes fehlt. Sie fühlen sich entfremdet und einsam. Kein Wunder, dass wir immer noch von der großen wahren Liebe träumen, und sich viele, nicht nur jüngere Menschen, mit Tausenden von Freunden auf Facebook zu trösten versuchen. Aber auch viele traurige Bücher und Filme beschreiben einsame Menschen in einer kalten Welt, ohne Zuversicht und ohne die Vision eines guten Lebens.

Mir scheint, die Unsicherheit und fehlende Zuversicht vieler Menschen heute hat mit einem tiefen Mangel an langfristigen und tragenden Beziehungen zu tun. Wenn wir unser Selbstvertrauen vor allem auf das bauen, was wir können, wissen und besitzen, wird es nie stabil. *Wir brauchen den Glanz in den Augen von anderen, die sich über unser Dasein freuen. Wir wollen gesehen, anerkannt und verstanden werden, und wir möchten Zuneigung geben und erhalten.* Je mehr wir begreifen, dass wir andere brauchen, desto eher sind wir zu kleinen und großen Kompromissen bereit. Aber wir sind nur dann bereit und fähig, Rücksicht auf andere zu nehmen und uns dabei nicht zu verlieren, wenn wir uns regelmäßig und mit einer gewissen Kontinuität begegnen und so ganz konkret und direkt lernen, die *Andersheit* der anderen zu erkennen und sie als wertvoll und *bereichernd* zu schätzen, auch dann, wenn wir manche Meinungen und Verhaltensweisen infrage stellen oder ablehnen.

Ein Hinweis für die Freundinnen und Freunde des Selberdenkens stammt von meiner Lieblingsphilosophin Hannah Arendt. Sie meint in Anlehnung an Kant, dass wir zwar zum Denken allein sein müssen, aber wenn wir das, was wir denken, nicht immer wieder mit anderen austauschen, verlieren wir über kurz oder lang die Fähigkeit zu denken (Arendt 1996). Ich glaube, ohne regelmäßigen Austausch verlieren wir die wunderbare Fähigkeit, eigenständig zu denken und im Gespräch mit uns selbst zu sein, sehr schnell. Wir brauchen die Begegnung mit anderen Menschen, um unseren Blick auf uns und die Welt prüfen zu können und nicht im Sumpf der eigenen Gewohnheiten und Muster, Meinungen und Ansichten zu versinken.

Rücksicht und Austausch

- Wenn wir tief verstehen, dass wir andere Menschen als Spiegel und Inspiration brauchen, fällt es uns leichter, Rücksicht zu nehmen und Kompromisse zu schließen.
- Zum Selberdenken müssen wir allein sein. Wenn wir aber das, was wir gedacht haben, nicht mit anderen austauschen, verlieren wir über kurz oder lang die Fähigkeit, selber zu denken.

Sinn im Leben finden: Prioritäten und Lebenswünsche

»Wer ein Warum hat, erträgt fast jedes Wie.«
Friedrich Nietzsche

Ein berühmter Satz von Nietzsche lautet: »Wer ein Warum hat, erträgt fast jedes Wie«. Viktor Frankl, der Begründer der Sinn- oder Logo-Therapie, geht davon aus, dass ein großer Teil psychischer Probleme heutzutage mit dem fehlenden Sinn zu tun hat (Frankl 2004). Es geht ihm dabei nicht um *den* großen Sinn *des* Lebens schlechthin, sondern um das, was unserem Alltag Sinn und *Bedeutung* gibt. Geldverdienen, Konsum, Unterhaltung und Anerkennung von anderen reichen dafür nicht aus. Wir brauchen Anliegen, die uns etwas bedeuten, und Bereiche, wo wir das tun, was uns am Herzen liegt. Das kann die Arbeit im Garten sein oder das gemeinsame Singen im Chor. Wir erleben das, wenn wir mit anderen über wesentliche Dinge sprechen, eine Wanderung oder ein Fest vorbereiten usw. *Die Betonung liegt darauf, dass wir etwas tun, allein oder mit anderen, was wir bedeutungsvoll finden.* Ich sehe hier einen klaren Zusammenhang mit dem, was ich »Freude als Weg« nenne. Wenn wir etwas tun, das uns am Herzen liegt, erleben wir uns als Teil eines größeren Ganzen: der Natur, eines Chors, einer Meditationsgruppe oder einer Kirchengemeinde, eines Hospizvereins usw. Wenn wir zumindest einen Teil dessen, was wir tun, als bedeutungsvoll erleben, fördert das unser *Selbstvertrauen* und das *Vertrauen in andere*, die das auch sinnvoll und wertvoll finden. Und häufig erleben wir im sinnvollen Tun nicht nur Freude, sondern manchmal lockert sich unsere scheinbar so stabile Ich-Identität ein wenig, sodass eine tiefere Dimension aufscheinen kann. Das kann man *Vertrauen ins Leben* nennen.

Innehalten und Muße

Nun möchte ich noch ein paar gute Argumente vorstellen, die uns helfen können, Zeit für sinnvolle Dinge zu finden und zu schaffen. Wir brauchen ein gewisses Maß an *Muße*, einer Zeit ohne den Druck äußerer und innerer Zwänge, um zu spüren, wie es uns geht, und um herauszufinden, was uns am Herzen liegt. Diese Muße finden wir leichter, wenn wir unsere Prioritäten immer wieder überprüfen und klären. ***Zu oft tun wir Dinge nur aus Gewohnheit, aus innerer Unruhe, aus Angst vor Liebesverlust oder vor Kritik. Wir brauchen Muße,***

um deutlich zu spüren, was für uns wesentlich ist,
was wir wirklich für sinnvoll halten.

Argumente und *Erklärungen*, warum wir uns so oder so fühlen oder dies oder jenes erleben, sind nur dann hilfreich, wenn sie uns so weit *beruhigen* können, dass wir uns trauen, innezuhalten und zu spüren, wie es uns gerade geht. Haben wir uns dann einigermaßen beruhigt, können wir überlegen, was zu unserer aktuellen Lage beigetragen hat und wie wir am besten damit umgehen können. Erklärungen, die unsere schlechte Laune, unsere Frustration und Enttäuschung bloß rechtfertigen oder anderen Menschen und Umständen die Schuld daran geben, nützen wenig, denn sie schwächen unser Selbstvertrauen, säen Misstrauen in andere und machen hilflos. Sinn und Zweck von Erklärungen ist nicht die Rechtfertigung von Erfahrungen, sondern sie können und sollen uns helfen, als schädlich erkannte Kausalketten zu unterbrechen. Gestützt von guten Erklärungen können wir eher das tun oder lassen, was hilfreiches und sinnvolles Tun fördert und unheilsames oder schädliches Verhalten verringert (Diamond 2006). *Warum tun wir so oft nicht das, was wir für richtig halten?* Das kann daran liegen, dass wir überzogene Ansprüche an uns und unser Leben haben. Wenn wir unsere Ideale sehr hoch hängen, haben wir keine Chance, sie jemals zu realisieren. Zu hohe Ideale sind oft ein Trick, um Trägheit und Unentschlossenheit zu verdecken. Da hilft es, wenn wir unsere Ansprüche und Ideale einmal aufschreiben und prüfen, ob sie zu uns passen. Das Gespräch mit vertrauten Menschen, mit einer guten Freundin oder einem guten Freund kann da Wunder der Ernüchterung wirken, denn sie kennen unsere Stärken und Schwächen. Manchmal verzetteln wir uns, weil wir uns für zu viele Dinge interessieren und uns nicht entscheiden können, was wir tatsächlich tun wollen und können. Wenn wir unsere Prioritäten klären, haben wir mehr Energie für das, was uns wirklich wichtig ist.

ÜBUNG

Prioritäten klären: Drei Wünsche

- Wenn Sie nicht genau wissen, was Sie wichtig finden, können Sie sich in einer relativ entspannten Verfassung mit Stift und Papier einmal überlegen, was Sie in diesem Leben noch erleben und lernen oder lassen wollen.
- Ich empfehle Menschen, die regelmäßig meditieren oder eine andere meditative Übung wie Qi Gong, Tai Chi oder Yoga machen, am Ende der Übung für

ein paar Momente an ihre drei wichtigsten Wünsche zu denken. Diese Art des Wünschens in einer möglichst entspannten Verfassung unterstützt uns dabei, unsere Energie auszurichten, und sie hilft uns, Prioritäten zu klären.

- Das kann so aussehen: »Ich wünsche mir, dass sich der Konflikt mit meiner Kollegin klärt. Ich wünsche mir eine Arbeitsstelle, bei der ich mehr von meinen Fähigkeiten einbringen kann. Ich wünsche mir den Mut, in Konflikten meinen Standpunkt klar und freundlich äußern zu können.« Wenn Sie es eigentlich sinnvoll und richtig fänden, mit dem Rauchen aufzuhören oder abzunehmen, aber keine Lust dazu haben, können Sie sich auch wünschen, dass Sie sich das wünschen können. Das kann dann so aussehen: »Ich wünsche mir, dass ich den Wunsch entwickle, mit dem Rauchen aufzuhören.«

....

Muße, Erklärungen und hohe Ideale

- Wir brauchen Muße, einer Zeit ohne den Druck äußerer und innerer Zwänge, um zu spüren, wie es uns geht, und um herauszufinden, was uns am Herzen liegt.
- Sinn und Zweck von Erklärungen ist nicht die Rechtfertigung von Erfahrungen, sondern sie können und sollen uns helfen, als schädlich erkannte Kausalketten zu unterbrechen.
- Zu hohe Ideale sind oft ein Trick, um Trägheit und Unentschlossenheit zu verdecken.

4

Wege und Irrwege

Leben ist ein Risiko *und* ein Wunder, es ist lebensgefährlich und wunderbar. Jahrtausendelang genügte es zum Überleben, Vertrauen zur eigenen Sippe und in die überlieferten Lebensformen zu haben. Auch damals gab es einzelne große Menschen, besondere Menschen, die in Not- und Umbruchzeiten *neue* Wege fanden, die ihrem Stamm das Überleben sicherten. Seit der europäischen Aufklärung trauen sich immer mehr Menschen, traditionelle Lebensformen hinter sich zu lassen und eigene Wege zu gehen.

Die Aufklärung führte Europa in die Moderne, mit ihrem lange Zeit unerschütterlichen Vertrauen auf die Macht des Verstandes, der den Fortschritt von Wissenschaft und Technik schuf. Die Erfahrung der politischen Katastrophen des 20. Jahrhunderts – Faschismus und Stalinismus – haben dieses Vertrauen erschüttert, und die Umweltprobleme und die »Risiken und Nebenwirkungen«

der Globalisierung verschärfen die Vertrauens-
krise noch mehr. Die Zeit nach dem Ende des
Fortschrittsglaubens nennt man nun Postmoderne.
Ihre Kennzeichen sind ein »unglückliches« Be-
wusstsein, Kulturpessimismus und politischer
Weltschmerz – und bei manchen Menschen sehr
viel Ohnmacht und Wut. Wie können wir unter
diesen Umständen neues Vertrauen in uns und andere und ins Leben finden? Dazu braucht es den
Mut, neue Wege zu suchen und zu finden.

Bis in die 1970er-Jahre gab es auch in Europa
noch relativ beständige Strukturen in Familie, Beruf und Gesellschaft, die den meisten Menschen
eine gute Orientierung boten, sodass vor allem die-
jenigen ihre eigenen Wege gingen, die das auch
wollten und mehr oder weniger *konnten*. Heute
sind immer mehr Menschen zu einem selbstverant-
wortlichen Leben *gezwungen*, und das bedeutet
eine neue und riesige Herausforderung. Denn
Selbstverantwortung kann man nicht vorschreiben. Wir entdecken sie auf einem langen, komple-
xen und auch sehr anstrengenden Weg und auch
nur dann, wenn wir Verantwortung für unser Leben übernehmen wollen und können.

In der kulturellen Zwickmühle

>»Wer andern gar zu wenig traut
hat Angst an allen Ecken.
Wer gar zu viel auf andre baut,
erwacht mit Schrecken.
Es trennt sie nur ein leichter Zaun,
die beiden Sorgengründer.
Zu wenig und zu viel Vertraun
sind Nachbars Kinder.«
>
> *Wilhelm Busch*

Wir stecken in einer kulturellen Zwickmühle. Wir können nicht mehr zurück in vormoderne Zeiten und fühlen uns zugleich überfordert von der schnelllebigen Zeit, die uns kaum Raum gibt, Veränderungen zu verstehen und zu integrieren: Veränderungen in den Beziehungen, am Arbeitsplatz, in der Gesellschaft und Politik, lokal und international. Die Herausforderungen sind umso größer, da wir zwar auf dieser Erde alle in der gleichen Kalenderzeit leben, aber in sehr unterschiedlichen Kulturzeiten. Es gibt heute noch Menschen auf der Welt, die kulturell in der Steinzeit leben, es gibt Jäger und Sammler, Nomaden und Ackerbauern. Und auch in Europa und sogar in Deutschland leben vormoderne, moderne und postmoderne Menschen im selben Land. Wir brauchen uns daher nicht zu wundern, warum es so schwer ist, gute Politik für *alle* zu machen.

Gerade in Umbruchzeiten brauchen wir Vertrauen, denn wir *wissen* nicht, wie es weitergeht. Unser Leben ist so komplex geworden, dass niemand redlicherweise vorgeben kann, es völlig zu verstehen. Wir können nur ungefähr angeben, welche Wege zu einer gerechteren und solidarischen Gesellschaft führen, die uns zugleich Meinungsfreiheit und plurale Lebensformen ermöglicht. Wir brauchen Vertrauen in uns und andere und ins Leben, um mit den Veränderungen unserer Zeit und der unerhörten Komplexität zurechtzukommen. Da Vertrauen Komplexität reduziert (Luhmann 2014, 1968), ist sie eine wunderbare und notwendige Ressource gerade in unserer Zeit. Wenn wir alle drei Dimensionen des Vertrauens leben und fördern, können wir ihre Sackgassen und Fallen vermeiden. Wir können nicht *ausschließlich* anderen Menschen vertrauen oder alten Modellen, die früher funktioniert haben. Alter Wein schmeckt auch in neuen Schläuchen nicht besser, und alte Ideen, die man anders verpackt, helfen ebenso wenig. Aber auch ohne Vertrauen in den Sinn und die Notwendigkeit von *Austausch* mit anderen finden wir auch keinen Weg in eine bessere Welt.

Alter Wein in alten Schläuchen

Wenn wir nur auf den Verstand und die Vernunft, auf Planung und Kontrolle setzen, wird das Leben eng und langweilig. Der Kontroll- und Berichtswahn in Einrichtungen aller Art und Großbaustellen, wie der Berliner Flughafen oder die Hamburger Elbphilharmonie, die nicht fertig werden, sind Ausdruck von überzogenem Selbstvertrauen einiger weniger, die sich nicht mit anderen abstimmen können und zu wenig Lebenserfahrung in den Bereichen haben, die sie so kompliziert am grünen Tisch planen. Wir brauchen Menschen mit Lebenserfahrung, die fähig sind, sich an runden Tischen mit Menschen im Plural zusammen zu setzen und unterschiedliche Perspektiven zu verstehen und einzubeziehen und mit anderen zu kooperieren. Das lernt man nicht durch ein paar moderne Kommunikationsmethoden. Das lernen wir nur, wenn wir unser Leben mit anderen teilen. Auch aus dem Grund sind zivilgesellschaftliche Gruppen so wichtig, gerade in Krisenzeiten.

Es war nie einfach, Selbstvertrauen zu entwickeln und seinen eigenen Verstand zu benutzen, statt anderen Menschen blind zu vertrauen. Es ist nicht einfach, sich ohne die Stütze überlieferter Traditionen in einer unübersichtlichen Welt zu orientieren. Es ist etwas leichter, wenn wir unsere kulturelle und religiöse Tradition auf eigenen Wunsch verlassen und Freude am Selberdenken und Ausprobieren neuer Wege haben. Wenn vormoderne verunsicherte Menschen in der Moderne und Postmoderne von den gesellschaftlichen Verhältnissen gegen ihren Willen dazu gezwungen werden, verwundert es nicht, wenn sie lieber alten Rezepten vertrauen, auch wenn diese in der heutigen Zeit bislang nirgendwo zu einem besseren Leben geführt haben und führen.

Es ist allerdings ermutigend zu erleben, wie überall vor allem jüngere Menschen neue Wege suchen und finden. Es sind vergleichsweise wenige, die sich radikalen Bewegungen anschließen, die Moderne zertrümmern und anderen alte Lebensstile aufzwingen wollen. Allerdings machen sie mit modernen Waffen sehr viel mehr Lärm als Menschen, die eine Gesellschaft mit Geduld und Ausdauer Schritt für Schritt verändern. Wir sind dazu fähig, wenn wir alle drei Dimensionen des Vertrauens fördern: in uns, in andere und in die Welt. Und das lernen wir im Kontakt mit Menschen, die guten Willens sind, in konkreten Projekts, in denen wir unsere Fähigkeiten entdecken und ausbilden, und im Wissen darum, dass wir nicht alles wissen und planen können.

Der Traum von einer heilen Welt

Wenn wir uns unwohl mit unserem Leben fühlen und nicht selber nach konkreten neuen Wegen suchen und sie ausprobieren, ziehen wir uns vielleicht ins Privatleben zurück und ignorieren die sozialen und politischen Probleme. Es kann aber auch sein, dass wir uns eine schöne heile Welt ausmalen und dann von den anderen, von »der Gesellschaft«, »von der Politik«, »vom System«, fordern, dass es sich so verändern soll, dass es keine Probleme mehr gibt. Der Traum von der heilen Welt bleibt entweder wirkungslos oder verkommt zum hilflosen und wütenden Quengeln über die böse Welt, die nicht nach meiner Pfeife tanzt. *Damit Visionen von einem besseren Leben Wirklichkeit werden, müssen wir selber dazu beitragen und den mühsamen Weg der kleinen Schritte gehen, zusammen mit anderen.* Denn wir leben in einer gemeinsamen Welt, und je mehr wir das begreifen, desto eher sind wir bereit, die Ansichten und Perspektiven der anderen als Bereicherung zu erkennen und nicht als Störung und Ablenkung von unserem »richtigen« Weg. Niemand weiß, was morgen geschieht, und daher brauchen wir Vertrauen in allen Dimensionen, und das lernen wir nur, wenn wir zusammen mit anderen *das* zu leben versuchen, was wir wichtig finden.

Wir brauchen beides, Vertrauen und Einsicht. Wenn wir uns um beides bemühen und mit Herz und Verstand leben, sind wir einigermaßen sicher vor vielen Fallen. Herz und Verstand, Vertrauen und Einsicht können sich gegenseitig korrigieren. Im Bild der fünf Fähigkeiten brauchen wir je zwei Paar Pferde – Energie und Sammlung, Vertrauen und Einsicht –, damit die Kutsche unseres Lebens nicht in den Graben der Verzweiflung fährt. Und wir brauchen ein gewisses Maß an Achtsamkeit, um ein Ungleichgewicht zu spüren und zu erkennen und immer wieder die angemessene Balance zu finden.

Kein Mensch ist vollkommen, und wenn wir unter Druck stehen oder Angst haben, krank sind oder verletzt und unsicher, wird unser Horizont enger, wir spüren uns weniger und fallen auf eingefahrene Ansichten und Meinungen, emotionale Muster und Verhaltensweisen zurück. Auch das lernen wir erkennen und aushalten, wenn wir Dinge ausprobieren, die uns wichtig sind, und in der Begegnung mit anderen feststellen, dass alle nur mit Wasser kochen. *Wenn wir unseren Beitrag zum Leben in der gemeinsamen Welt leisten und uns mit anderen mit Kontinuität darüber austauschen, stärken wir unser Selbstvertrauen und unser Vertrauen in andere, und das gibt uns die Kraft, unsere Ansichten und Meinungen zu hinterfragen und schließlich unerschütterliches Vertrauen ins Leben zu entdecken.*

Alle Übungen im Überblick

Literatur

Arendt, Hannah (1996): *Ich will verstehen. Selbstauskünfte zu Leben und Werk.* München: Piper (Mit vollständiger Bibliografie)

Arendt, Hannah (2001, 1968): *Menschen in finsteren Zeiten.* München: Piper

Armstrong, Karen (2006): *Die Achsenzeit.* Berlin: Siedler

Armstrong, Karen (2008): *Die Bibel.* München: dtv

Armstrong, Karen (2012): *Die Botschaft. Der Weg zu Frieden, Gerechtigkeit und Mitgefühl.* München: Pattloch

Ayya Khema (1997): *Die vier Ebenen des Glücks.* Oy-Mittelberg: Jhana Verlag

Bodamer, Joachim (1958): *Der Mensch ohne Ich.* Freiburg: Herder

Diamond, Jared (2006, 1998): *Arm und Reich.* Frankfurt: Fischer

Dürckheim, Karlfried Graf von (1959): *Hara, die Erdmitte des Menschen.* Weilheim: O. W. Barth

Elschenbroich, Donata (1999): »Das Weltwissen von Siebenjährigen.« Unveröffentlichtes Arbeitspapier

Erikson, Erik Homburger (2008, 1966): *Identität und Lebenszyklus.* Berlin: Suhrkamp

Frankl, Viktor (2004): *Der Mensch und die Frage nach dem Sinn.* München: Piper

Gerhardt, Volker (2015): *Der Sinn des Sinns. Versuch über das Göttliche.* München: C.H.Beck

Haidt, Jonathan (2013): *The Righteous Mind.* London: Penguin

Harris, Thomas A. (2007, 1967): *Ich bin ok. Du bist ok.* Hamburg: Rowohlt

Henderson, Julie (2009): *Embodying Well-Being oder Wie man sich trotz allem wohl fühlen kann.* Bielefeld: AJZ

Jaspers, Karl (o.J., ca. 1966): »Der philosophische Glaube«, in: *Mitverantwortlich. Ein philosophisch-politisches Lesebuch.* Gütersloh: Bertelsmann

Jaspers, Karl (1971, 1953): *Einführung in die Philosophie.* München: Piper

Kluge, Friedrich (1989): *Etymologisches Wörterbuch der deutschen Sprache.* 22. Auflage. Berlin, New York: Walter de Gruyter

Luhmann, Niklas (2014, 1968): *Vertrauen.* Konstanz: UVK

McLeod, Kenneth (20012): *Wake up to your life.* New York: HarperCollins

Reddemann, Luise (2006): *Überlebenskunst.* München: Klett-Cotta

Schulz von Thun, Friedemann; Pörksen, Bernhard (2014): *Kommunikation als Lebenskunst.* Heidelberg: Carl Auer

Seligman, Martin E.P. (2010, 2002): *Der Glücksfaktor. Warum Optimisten länger leben.* Köln: Bastei-Lübbe

Welwood, John (2010): *Psychotherapie und Buddhismus.* Freiamt: Arbor

Wetzel, Sylvia (2005) CD-Hörbuch *Leichter Leben.* (Bezug: edition tara libre. www.sylvia-wetzel.de)

Wetzel, Sylvia (2010a, 1999): *Hoch wie der Himmel, Tief wie die Erde. Meditationen über Liebe, Beziehungen und Arbeit.* Bielefeld: Theseus

Wetzel, Sylvia (2010b, 1999): *Das Herz des Lotos. Frauen und Buddhismus.* Erweiterte Fassung. Berlin: edition steinrich

Wetzel, Sylvia (2011a) mit Reddemann, Luise: *Der Weg entsteht unter deinen Füßen. Achtsamkeit und Mitgefühl in Krisen und Übergängen.* Freiburg: Kreuz. (Auch als Hörbuch)

Wetzel, Sylvia (2011b): *Einladung zur Muße.* Freiburg: Kreuz (Bezug über die Autorin)

Wetzel, Sylvia (2013a, 2002): *Leichter Leben. Meditationen über Gefühle.* Berlin: Lehmanns Media

Wetzel, Sylvia (2013b, 2007): *Worte wirken Wunder. Reden mit Herz und Verstand.* Berlin: Lehmanns Media

Wetzel, Sylvia (2014): *Achtsamkeit und Mitgefühl. Mut zur Muße statt Hektik und Burnout.* Klett-Cotta

Sylvia Wetzel in der edition tara libre

Zahlreiche Beiträge im Netz. www.sylvia-wetzel.de
Wetzel, Sylvia (2015): Ich will verstehen. Vier Ebenen der
    Erkenntnis. Essay.
Wetzel, Sylvia (2015): Wie wirklich ist die Wirklichkeit. Vier
    Perspektiven auf unser Leben.

Studienmaterialien zum Buddhismus
Über 30 kleine Schriften (24-60 S.) € 2-4
15 Bücher (160-320 S.) € 12-16

Audio und MP3-CDs
Von öffentlichen Vorträgen & Tagesseminaren.
Von Angst und Beziehungen über Freude, Kommunikation,
    Liebe, Lebensziele bis Wut und Ärger.
75 Audio-CDs 2001-2008. Max. 80 Min. 10 €
Über 200 MP3-CDs. 2000-2015. Vortrag, Übungen, Fragen.
    Wird fortgesetzt. € 12-15 (90-220 Min)

Quellenangaben

Zitat Ernst Ferstl (S. 29) aus: *Heutzutage.* Edition Nove
    2006
Zitat Martin Buber (S. 84) aus: *Das dialogische Prinzip.*
    Gütersloher Verlagshaus 1999

Lebenshilfe auf den Punkt gebracht

Achtsamkeit hilft uns, mit den Herausforderungen des Lebens geschickter umzugehen – und dabei die kleinen Freuden des gegenwärtigen Augenblicks aus vollem Herzen zu genießen. Die kompakten Pocketguides bieten einen unkomplizierten Einstieg: Eine Fülle an Übungen und Impulsen zeigt, wie sich Achtsamkeit konkret im Alltag umsetzen lässt.

ISBN 978-3-95803-007-7

ISBN 978-3-943416-92-3

ISBN 978-3-95803-046-6

ISBN 978-3-95803-006-0

Weitere erfolgreiche Titel aus der Reihe »Achtsam leben«

»Das größte aller Wunder ist es,
lebendig zu sein. Achtsamkeit ermöglicht uns,
dieses Wunder zu berühren.«

Thich Nhat Hanh

Mehr über unsere Bücher unter www.scorpio-verlag.de

ISBN 978-3-95803-031-2

ISBN 978-3-95803-032-9

ISBN 978-3-95803-030-5

ISBN 978-3-95803-009-1